서문

모든 부모는 아이를 사랑하지만 그 사랑이 늘 아이에게 따뜻하게 전해지는 것은 아닙니다. 친구를 밀치고, 이유 없이 소리를 지르며 감정을 터뜨리는 아이의 모습 뒤엔 말로 다 하지 못한 외로움과 슬픔이 숨어 있습니다. 우리는 그런 아이들을 점점 더 자주 마주하게 됩니다.

그리고 그 곁에는 감정을 조절하기 어려워하는 어른이 있습니다. 어린 시절의 상처가 치유되지 않은 채 부모가 된 이들이, 자신도 모르게 그 아픔을 자녀에게 대물림하여 반복하고 있는 현실은 매우 안타깝습니다. 아이도, 부모도 감정을 진정시키는 힘이 약할 때, 스트레스 호르몬인 코티솔에 노출되며 정서적으로 큰 고통을 겪게 됩니다. 하지만 다행히도 우리는 그 고리를 끊을 수 있습니다.
방법은 생각보다 단순합니다.

아이를 꼭 안아 주는 것. 부드럽게 쓰다듬으며 '속상했구나', '화가 났구나' 하고 공감의 말을 건네는 것. 그 작은 스킨십과 말 한마디가 아이의 뇌를 안정시키고, 자존감과 세상에 대한 신뢰를 회복시킵니다.

이 책은 그 '작은 기적'에 대해 이야기합니다.
엄마의 품, 아빠의 손길, 따뜻한 눈 맞춤이 얼마나 강력한 회복의 힘이 되는지를 과학적 사실과 실천적 경험을 통해 전합니다.

지금 이 순간 당신 곁에 아이가 있다면 하루 10분, 아이를 품에 안아 주세요.
그 무엇보다 소중한 정서적 유산을 물려주는 시간이 될 것입니다.

아동심리학 박사 김정희 교수

차례

서문   2p

시작하기 전 꼭 알아야 할 10가지   8p

엄마 품에서 자라는 7가지 힘 7Q
스킨십, 언제부터 시작해야 할까?
스킨십 하기에 좋은 시간
스킨십 자세
스킨십 준비물
스킨십 순서
스킨십 주의점
시작 전 체크리스트
연령별 스킨십 방법
음악과 함께하는 스킨십 치유의 효과

브레인 스킨십 프로그램   15p

1주 마음돌봄/스킨십   16p

부모 마음 챙기기   18p
[지금-여기] 현재 감정 찾기 | 잠시 머무르기 | Self Talk | 목 스트레칭

스킨십 첫걸음 놀이   20p
접촉, 사랑의 첫 언어

엄마 품 안의 비밀   22p
아이와 편안한 스킨십 시작하기

2주 마음돌봄/스킨십   24p

부모 마음 챙기기   26p
[세계명화] 밀레 '봄'

발, 다리 스킨십 놀이   27p
제2의 두뇌, 발과 다리에 닿는 따뜻한 손길

엄마 품 안의 비밀   32p
브레인 버튼(Brain button-마음의 문) 열기

3주 마음돌봄/스킨십   34p

부모 마음 챙기기   36p
[마음 조절] 현재 감정 찾기 | 나에게 필요한 것 찾기 | 4-7-8 호흡

배 스킨십 놀이   37p
속이 편해야 마음도 편해요

엄마 품 안의 비밀   40p
밥으로만 자라지 않는 아이들

4주 마음돌봄/스킨십   42p

부모 마음 챙기기   44p
[지금-여기] 현재 감정 찾기 | 잠시 머무르기 | Self Talk | 팔 스트레칭

가슴 스킨십 놀이   46p
마음을 따뜻하게 감싸는 손길 (옥시토신 분비)

엄마 품 안의 비밀   48p
아이의 질투, 현명하게 대처하는 법

5주 마음돌봄/스킨십   50p

부모 마음 챙기기   52p
[세계명화] 고흐 '별이 빛나는 밤'

팔, 손 스킨십 놀이   53p
정서와 자존감을 이어주는 다리

엄마 품 안의 비밀   57p
착한 사람 증후군 (Good Person Syndrome)

6주 마음돌봄/스킨십   60p

부모 마음 챙기기   62p
[마음 조절] 현재 감정 찾기 | 나에게 필요한 것 찾기 | 4-7-8 호흡

얼굴 스킨십 놀이   63p
따뜻한 눈 맞춤으로 나누는 마음

엄마 품 안의 비밀   66p
충분히 좋은 엄마 (Good Enough Mother)

7주 마음돌봄/스킨십   68p

부모 마음 챙기기   70p
[지금-여기] 현재 감정 찾기 | 잠시 머무르기 | Self Talk | 상체 스트레칭

등 스킨십 놀이   72p
자율신경이 안정된 편안한 정서

엄마 품 안의 비밀   74p
불안, 내 안의 목소리 : 그 속에서 나를 찾는 법

8주 마음돌봄/스킨십   76p

부모 마음 챙기기   78p
[세계명화] 마티스 '이카루스'

머리가 좋아지는 스킨십 놀이   79p
전두엽을 톡톡, 영재로 자라기

엄마 품 안의 비밀   80p
첫 번째 우뇌, '무의식의 방'

9주 마음돌봄/스킨십   82p

부모 마음 챙기기   84p
[마음조절] 현재 감정 찾기 | 나에게 필요한 것 찾기 | 4-7-8 호흡

사랑이 전해지는 스킨십 놀이   85p
웃는 얼굴로 마음 지키기

엄마 품 안의 비밀   86p
두 번째 우뇌, '치유의 방'

10주 마음돌봄/스킨십　　88p

부모 마음 챙기기　　90p
[지금-여기] 현재 감정 찾기 | 잠시 머무르기 | Self Talk
| 손목 발목 스트레칭

감정표현이 풍부해지는 스킨십 놀이　　92p
안아주어야 들리는 마음

엄마 품 안의 비밀　　94p
세 번째 우뇌, '감정의 방'

11주 마음돌봄/스킨십　　96p

부모 마음 챙기기　　98p
[세계명화] 소로야 '어머니'

사회성이 좋아지는 스킨십 놀이　　99p
& 창의력과 예술 감각이 좋아지는 스킨십 놀이
대인관계를 키우는 도파민과 옥시토신의 힘
오감 전체를 부드럽게 깨우기

엄마 품 안의 비밀　　102p
차분히 안아주기의 힘

12주 마음돌봄/스킨십　　104p

부모 마음 챙기기　　106p
[마음 조절] 현재 감정 찾기 | 나에게 필요한 것 찾기
| 4-7-8 호흡

튼튼한 몸과 마음을 키워 주는 스킨십 놀이　　107p
외로움과 열등감 천천히 놓아주기

엄마 품 안의 비밀　　110p
엄마의 기도

유아 스킨십　　112p

신체 발달　　114p
웃는 얼굴을 만들어요
달리기를 잘해요
아침에 잘 일어나요
오감을 자극해요
밥을 잘 먹고 몸이 튼튼해져요
성장통을 겪을 때 만져 주면 편안해져요

정서 발달　　122p
자신감과 자존감을 높여요
우울감과 슬픈 감정을 조절해요
참을성과 인내력이 좋아져요
마음에 안정감과 편안함을 줘요 (스트레스 감소)
불안감을 낮추고 자신감을 높여요
예민하고 짜증을 자주 내는 아이를 도와줘요
불안한 마음을 조절해요
스트레스 호르몬을 밖으로 배출시켜 폭력성을 줄여 줘요

인지 발달　　132p
이해력이 좋아져요
집중력을 높여요
창의력과 면역력을 높여요
기억력을 높여요
공간지각력을 높여요
뇌의 혈액순환을 도와주어 뇌가 건강해져요
어휘력이 좋아져요
추리력과 수리력을 높여요

이미지 카드 놀이　　144p
좌우뇌를 통합해서 문제해결력을 높여요

대뇌, 소뇌 훈련 놀이　　146p
인지기능과 신체기능을 높여요

노래와 함께하는 스킨십 놀이　　　　　　　**148p**
간다간다
유치원/어린이집에 갑니다
올챙이와 개구리
작은 별
거미가 줄을 타고 올라갑니다

궁금해요!　　　　　　　166p

'브레인 스킨십/마음 돌봄 수업이 뭐예요?
스킨십 놀이에 사용할 오일을 추천해 주세요
하루에 스킨십을 몇 번, 얼마나 해야 하나요?
울면 스킨십 멈춰야 하나요? 계속 해도 되는지 모르겠어요
자꾸 몸을 비틀고 도망가려 해요. 이럴 땐 어떻게 해요?
스킨십을 해도 아이가 계속 불안해하면 어떻게 해야 하나요?
엄마(아빠)가 만지면 아이가 싫어해요
형제자매가 여럿이라 다 챙겨 주기 어려워요. 어떻게 나눠야 할까요?
초등학생, 청소년 자녀와 함께할 가족 스킨십이 궁금해요.

손끝에서 시작되는 사랑　　　　　　　177p

처음 만나는 언어, 스킨십　　　　　　　178p

 # 시작하기 전 꼭 알아야 할 10가지

① 엄마 품에서 자라는 7가지 힘 7Q

영유아기의 따뜻한 신체 접촉은 말보다 강력한 '제2의 언어'입니다.

스킨십은 아이의 전인적 성장을 돕는 출발점이며, 7가지 핵심 역량(7Q)을 고르게 발달시키는 데 중요한 역할을 합니다.

IQ : 사고력과 학습 능력 향상

EQ : 감정 조절과 공감 능력 강화

MQ : 도덕적 판단력 성장

SQ : 사회성과 협동심 발달

CQ : 창의적 사고와 문제 해결력 증진

AQ : 회복탄력성과 끈기 향상

SQ(Spiritual Quotient) : 삶의 의미와 가치에 대한 감성 형성

② 스킨십, 언제부터 시작해야 할까?

스킨십은 아이가 태어난 순간부터 자연스럽게 시작해요. 특별한 시기는 없으며 서로 원할 때면 언제든지 시도해요.

③ 스킨십 하기에 좋은 시간

아침 : 하루를 기분 좋게 시작할 수 있어요.

낮잠 후 : 아이가 안정되고 집중할 수 있어요.

잠이 부족하면 스킨십은 잠시 쉬어요.

저녁 : 하루를 마감하며 편안한 마음으로 스킨십 해요.

④ 스킨십 자세

편안한 자세 유지하여 등을 곧게 펴고 자연스럽게 시작해요.
아이를 바닥에 눕히고 아이와 가까운 거리에서 편안하게 접촉해요.

⑤ 스킨십 준비물

스킨십 전 필요한 물품을 미리 준비해요.

스킨십 오일 : 식물성, 무향, 무색소 제품

기타 준비물 : 담요, 수건, 여벌 기저귀, 갈아입을 옷

환경 정비 : 실내 온도 조절, 손 깨끗이 씻기

음악 : QR코드로 자연의 소리 또는 클래식 음악 재생

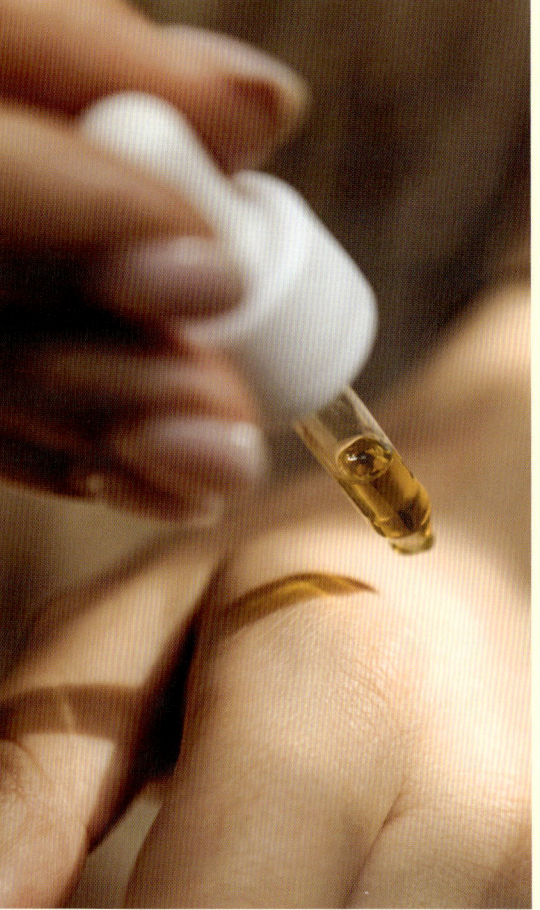

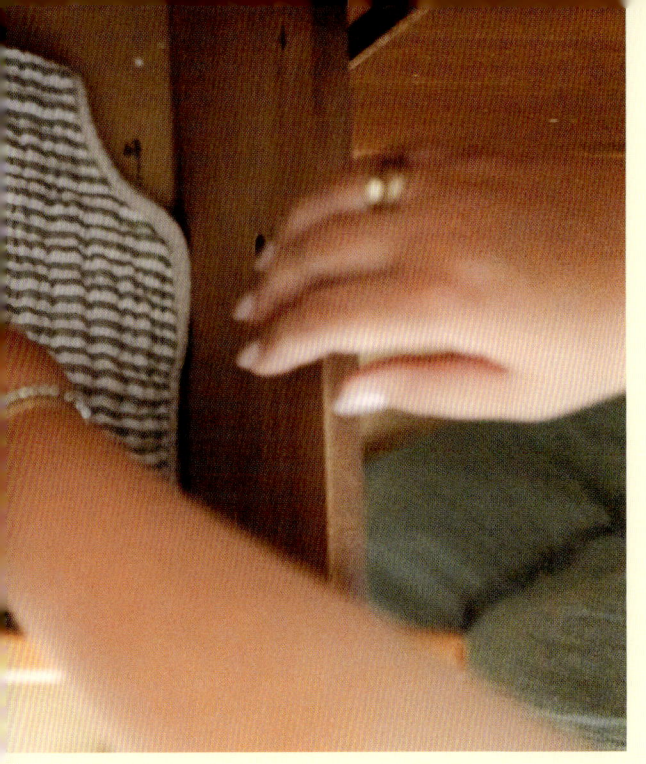

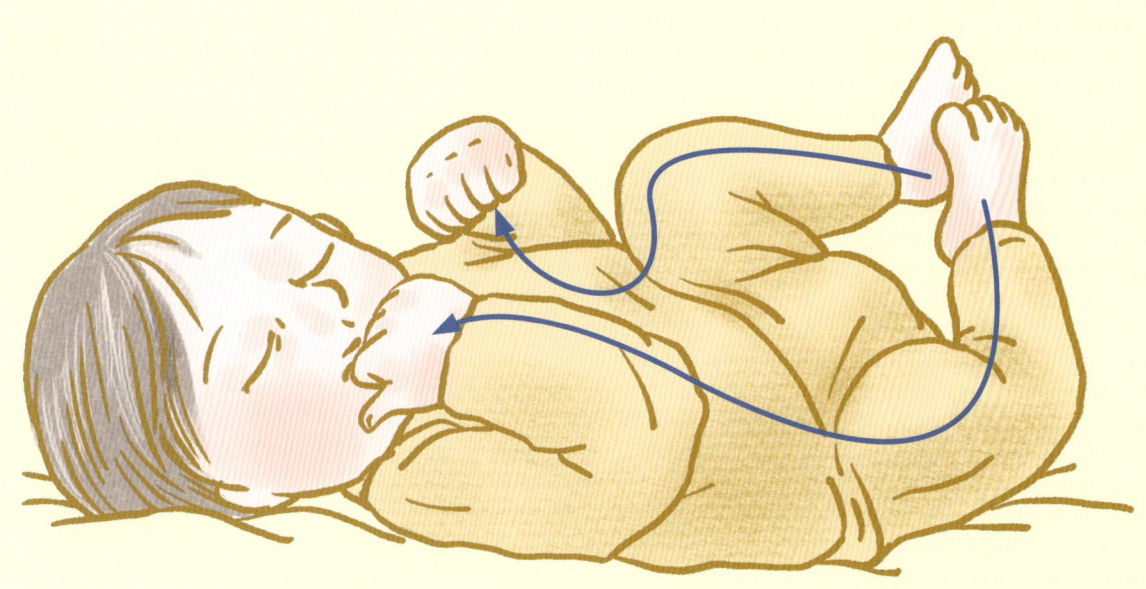

⑥ 스킨십 순서

발 → 다리 → 배 → 가슴 → 팔 → 손 → 얼굴 → 등 → 스트레칭

⑦ 스킨십 주의점

아이가 울면 즉시 중단해요.

발열, 출혈, 염증 발생 시에는 피해요.

식사 후 30분, 예방 접종 후 48시간 경과 후 진행해요.

식물성 오일을 사용하고, 광물성 오일은 안 돼요.

⑧ 시작 전 체크리스트

✓ **필수 준비물 점검:** 오일, 담요, 기저귀, 여벌 옷 등

✓ 실내 온도 유지 및 손 깨끗이 씻기

✓ 장신구 제거 후 긴장을 풀고 진행

✓ QR 코드 음악 재생

✓ 부모의 '마음 챙기기' 스트레칭 먼저 진행

✓ 아이에게 웃으며 눈을 맞추고 스킨십 시작을 알린다.
(예 : "○○아, 엄마랑 스킨십을 해볼까?")

⑨ 연령별 스킨십 방법

영아 (0~2세)

0~3개월	짧게 자주, 부드럽게 안아요.
3~12개월	반응을 살피며 자연스럽게 스킨십을 늘려요.
1~2세	목욕 전, 잠자리 전 등 일상에서 놀이처럼 즐겨요. '발가락 닦기', '배 토닥이기'로 재미를 더해요.

유아 (3~5세)

편한 자세로 안아주고, 노래나 이야기와 함께 팔·다리를 부드럽게 스킨십해요.

칭찬과 따뜻한 말도 잊지 마세요.

⑩ 음악과 함께하는 스킨십 치유 효과

음악은 아이와 부모에게 치유의 힘을 줍니다.

몸 : 심박수와 뇌파를 안정시켜 줍니다.

마음 : 정서를 안정시키고 마음의 상처를 어루만집니다.

관계 : 소통과 표현이 자연스러워집니다.

브레인 스킨십 마음돌봄

하루 10분이면 충분합니다.

이 프로그램은 단순한 스킨십 교육이 아닙니다.
부모와 아이가 접촉을 통해 서로를 이해하고 함께 치유되는 소중한 시간입니다.
매주 진행되는 스킨십 활동은 아이에게는 안정감과 애착을, 부모에게는 마음 챙김과 감정의 여유를 선물합니다.

부모 마음 챙기기
아이를 만나기 전에, 나를 먼저 들여다봅니다.
불안, 분노, 스트레스가 담긴 손길은 아이의 마음에 그대로 전달됩니다.
스킨십은 나의 감정을 찾아보는 시간에서 시작됩니다.

스킨십 놀이
매주 주제에 따라, 아이의 몸과 감정을 어루만지는 스킨십 놀이를 배웁니다. 꼭 정확히 따라 하지 않아도 괜찮습니다. 반드시 지켜야 할 건, 아이를 바라보는 따뜻한 눈빛과 표정입니다.

엄마 품 안의 비밀
아이에게는 사랑을 전하는 10분,
부부에게는 마음을 나누는 짧은 스킨십을 실천합니다.
전문가가 선정한, 육아의 본질을 꿰뚫는 12가지 비밀을 알아갑니다.

"스킨십은 서로의 존재를 확인하는 방법이다." - 에리히 프롬

1주 마음돌봄/스킨십

부모 마음 챙기기
[지금-여기] 현재 감정 찾기
| 잠시 머무르기 | Self Talk | 목 스트레칭

스킨십 첫걸음 놀이
접촉, 사랑의 첫 언어

엄마 품 안의 비밀
아이와 편안한 스킨십 시작하기

자연의 소리 클래식
슈베르트 - 세레나데

놀이를 시작하기 전, QR 코드를 스캔하고
음악을 재생하여 마음을 치유해요.

부모 마음 챙기기

지금-여기

① 현재 감정 찾기

행복한, 감사한, 안심한, 만족스러운, 재미있는,
걱정스러운, 답답한, 짜증 나는, 불편한, 어색한

- 10개의 감정 중 지금 느껴지는 감정을 찾아보세요.

② 잠시 머무르기

내가 찾은 감정들은 좋고 나쁜 것이 아닙니다.
내가 느낀 이 감정들은 자연스러운 내 감정입니다.
내가 느낀 이 감정들을 있는 그대로 받아들입니다.
내가 그랬구나! 잠시 머물러 봅니다.

③ Self Talk

- 손가락을 깍지 끼고 양손을 배 위에 올립니다.

- 눈을 감고 숨을 깊이 들이마십니다.

- 배가 불룩해지는 것을 느낀 다음 몇 초 동안 숨을 멈추고 서서히 내뱉습니다.

- 나에게 따뜻한 어조로 말해 줍니다.

- '내 마음이 그랬구나', '지금으로도 충분해'

내 마음이 그랬구나, 지금으로도 충분해.

목 스트레칭

고개를 좌우로 천천히 10번 움직입니다.

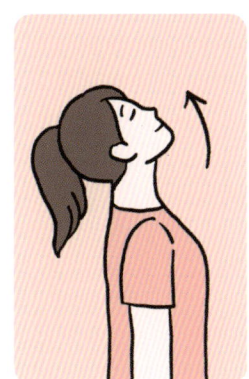 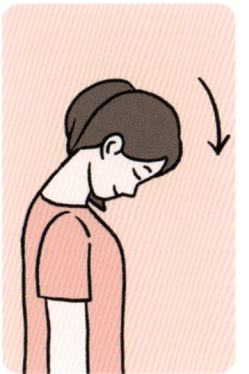

고개를 위아래로 천천히 10번 움직입니다.

상체를 반듯하게 하고 편안한 자세로 목을 왼쪽으로 젖힌 상태로 10초 동안 멈추고 스트레칭합니다.

반대 방향으로 반복합니다.

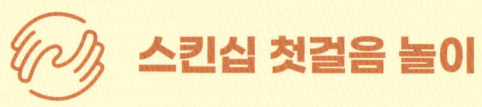 ## 스킨십 첫걸음 놀이

접촉, 사랑의 첫 언어

영유아기에는 사랑과 접촉이 음식만큼이나 중요합니다. 부모의 따뜻한 손길은 아이의 정서를 안정시키고, 세상과 신뢰를 쌓는 기초가 됩니다. 피부 접촉은 전두엽 발달을 돕고 스트레스 호르몬인 코티솔을 줄여주며, 아이가 음식을 잘 먹도록 돕는 효과가 있습니다. 이 작은 접촉이 아이에게는 큰 힘이 됩니다.

 **Tip**

> 스킨십은 심장에서 먼 곳부터 부드럽게 진행해 보세요.
> 발·다리 → 배 → 가슴 → 팔·손 → 얼굴 → 등
> 아이의 반응에 귀 기울이며 천천히 이어가면 더욱 효과적입니다.

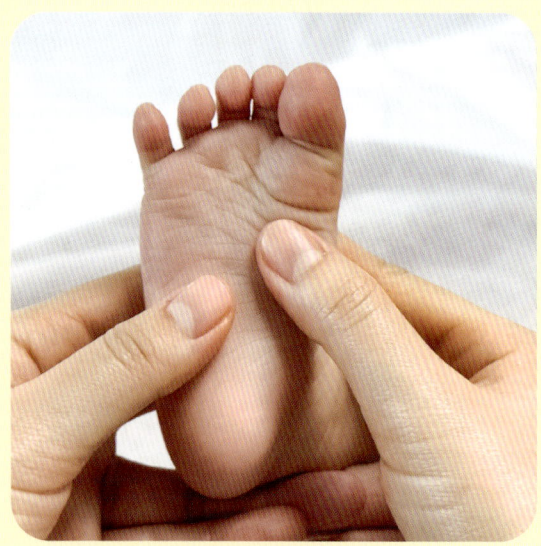

① 발바닥 누르기
엄지로 발바닥 전체를 부드럽게 꾹꾹 누르기

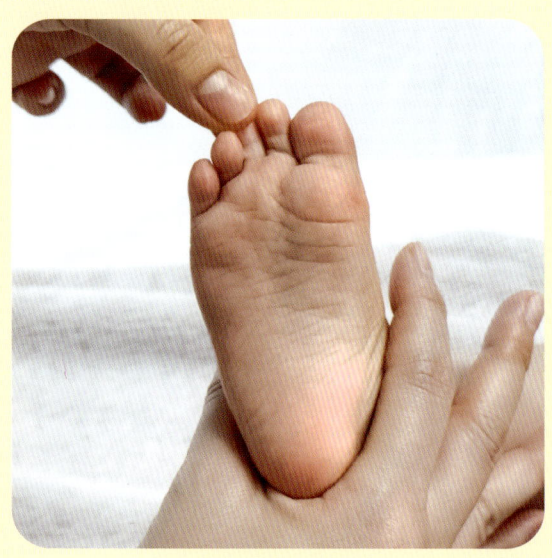

② 발가락 당기기
엄지와 검지로 발가락 하나씩 부드럽게 잡아당겨 주기

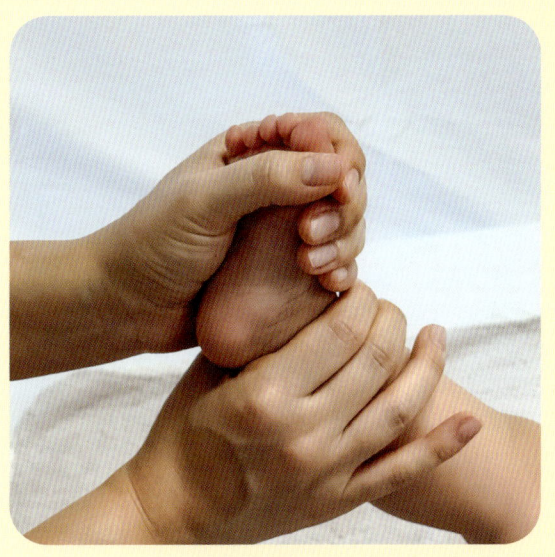

③ 발 주무르기
한 손으로 발을 가볍게 잡고,
잼잼 하듯이 발 전체를 부드럽게 주무르기

④ 관절 움직이기
양 손목/발목을 가볍게 잡고 위아래로 움직이기

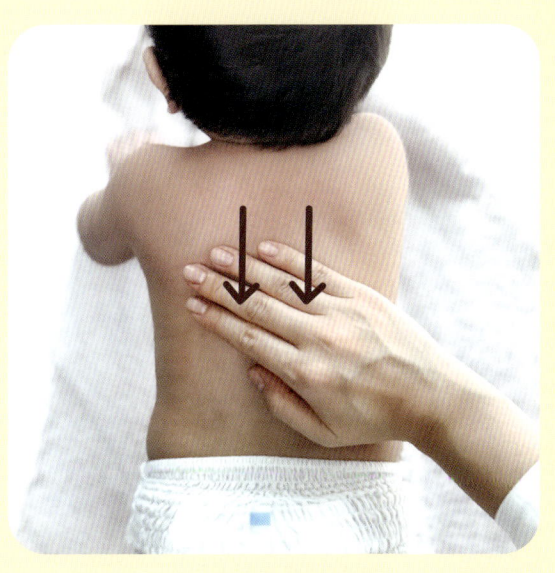

⑤ 등 문지르기
등 전체를 부드럽게 문지르기

⑥ 눈맞춤
아이와 눈 맞추며 머리, 얼굴, 어깨, 팔을
부드럽게 쓸어 어루만지기

 **엄마 품 안의 비밀**

오늘의 10분 스킨십

스킨십은 나이에 맞춰 계속 이어갈 수 있습니다.
예를 들어, 10대 자녀가 시험을 보고 왔을 때 어깨를 다독여 주는 것만으로도
유대감과 안정감을 줄 수 있습니다.

아이와 함께

- 🎵 **자연의 소리 클래식 듣기**
  QR코드로 자연의 소리 클래식을 들으며 아이와 교감해요.

- 👶 **첫걸음 스킨십**
  따뜻한 스킨십으로 아이와 마음을 나눠요.

- 👁 **눈맞춤 교감**
  정확한 스킨십보다 눈맞춤으로 깊은 교감을 나눠요.

√ **자연의 소리 클래식이란?** 부모와 아이의 마음을 편안하게 해 주는 음악

부부가 함께

- ❤️ **하루 5초, 안아주기**
  5초면 충분해요.
  '오래'보다 '자주'가 더 큰 힘이 됩니다.

아이와 편안한 스킨십 시작하기

① 스킨십 준비	아이의 발을 만지며 "스킨십을 받고 싶니?" 혹은 "스킨십 받을 준비가 됐니?" 라고 물어보는 것으로 시작한다.
② 오일 사용	손바닥에 오일을 묻혀 아이의 귀 근처에서 손바닥을 비벼 준다.
③ 목소리	아이가 안전함을 느낄 수 있도록 따뜻하고 차분한 목소리로 다가가야 한다.
④ 아이 존중	아이가 스킨십을 오래 하려고 하지 않으면 그 반응을 존중해 주어야 한다.

2주 마음돌봄/스킨십

 부모 마음 챙기기
[세계명화] 밀레 '봄'

 발, 다리 스킨십 놀이
제2의 두뇌, 발과 다리에 닿는 따뜻한 손길

 엄마 품 안의 비밀
브레인 버튼 (Brain Button-마음의 문) 열기

 ♪
자연의 소리
베토벤 - 피아노 소나타 1악장

놀이를 시작하기 전, QR 코드를 스캔하고
음악을 재생하여 마음을 치유해요.

부모 마음 챙기기

세계명화 · 밀레 '봄'

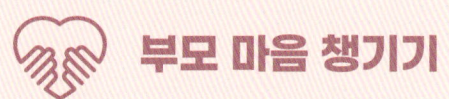

밀레의 사계절 연작 중 '봄' 작품입니다. 소나기를 머금은 먹구름과 무지개, 그림자가 드리워진 어두움과 찬란한 빛이 펼쳐진 모습입니다. 따뜻한 봄 그림과는 다른 새로운 느낌이 느껴집니다.

- 그림 속에서 어떤 소리가 들리나요?

- 그림 속에서 피부로 느껴지는 날씨를 상상해 보세요.

- 그림을 보면서 어떤 기분이 드나요?

- 그림의 제목을 자유롭게 지어보세요.

발, 다리 스킨십 놀이

제2의 두뇌, 발과 다리에 닿는 따뜻한 손길

발과 다리에 하는 스킨십은 혈액순환과 근육, 뼈 발달을 돕고, 발가락 자극은 두뇌발달과 집중력을 높입니다. 피부 자극은 뇌와 신경 발달에 중요하며, 따뜻한 촉감은 아이의 심리적 안정과 건강한 성장에 큰 도움이 됩니다.

피부는 '제2의 뇌'라 불릴 만큼 감각 발달에 중요한 역할을 합니다. 시각과 청각이 미숙한 시기에는 따뜻한 손길이 피부를 자극해 뇌와 신경 발달에 직접적인 도움을 줍니다. 실제로 1996년 마이애미 대학 티파니 필드 박사의 연구에 따르면, 스킨십을 받은 아이들은 체중 증가와 영양 흡수 면에서 더 긍정적인 결과를 보였습니다.

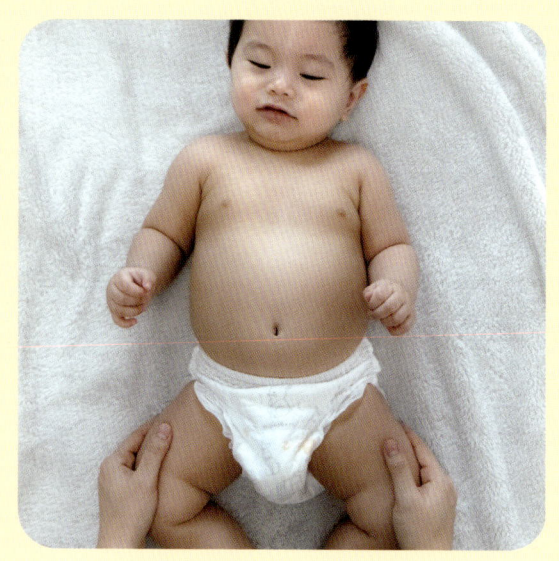

① 레스팅 핸즈 (Resting Hands)

(1) 오일을 충분히 바른 양손을 아이 귀 옆에서 비비며 스킨십이 시작됨을 알려 주기
(2) 따뜻한 양손을 다리 위에 가볍게 올려 두기
(3) 스킨십 하는 신체 부위 이름 들려주기

※ **레스팅 핸즈(Resting Hands)란?**
스킨십 시작 전에 아이의 몸에 손을 부드럽게 올려 놓는 동작이다. 이를 통해 아이가 편안함을 느끼고 스킨십에 익숙해질 수 있도록 도와준다.

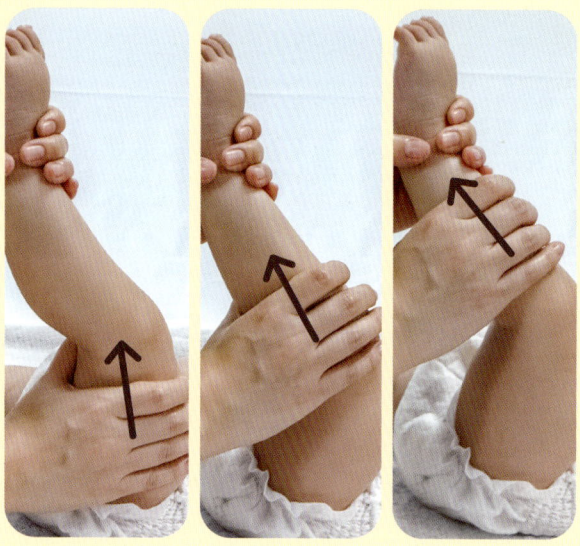

② 인디언 밀킹 (Indian Milking)

(1) 한 손으로 발목을 잡고, 허벅지→발목 방향으로 부드럽게 스킨십하기
(2) 오른손, 왼손 번갈아 가며 스킨십하기

※ **인디언 밀킹(Indian Milking)이란?**
'젖을 짜다'라는 뜻에서 유래한 말로 부드럽게 주무르는 동작을 의미한다.

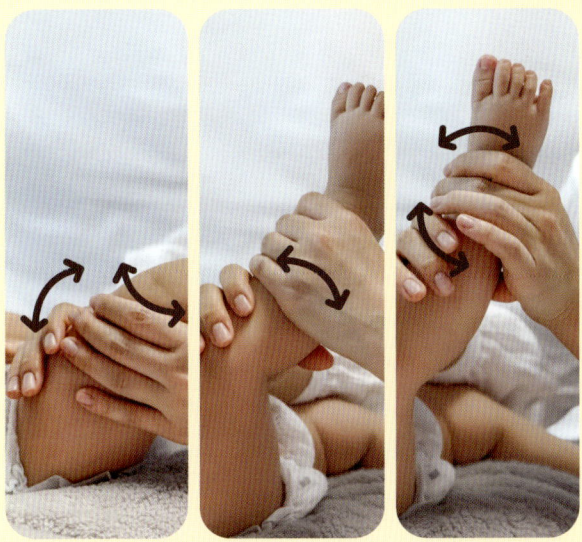

③ 가볍게 비틀기 (Hug and Glide)
양손을 동시에 좌우로 살짝 비틀어 움직이면서
허벅지→발목 방향으로 부드럽게 스킨십하기

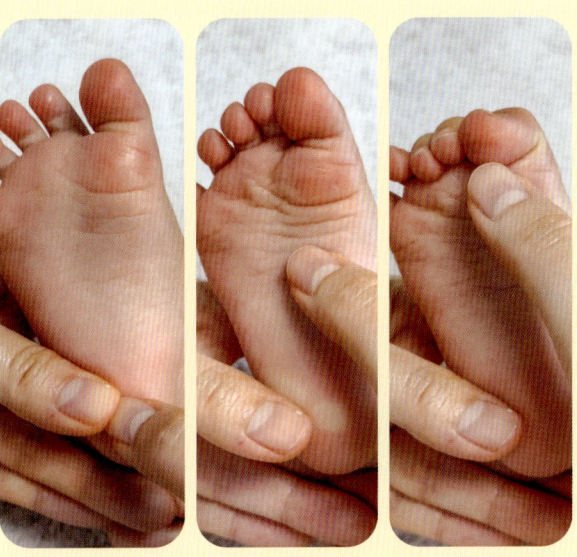

④ 발바닥 쓸어올리기 (Thumb over Thumb)
엄지를 번갈아 가며 뒤꿈치→발가락 방향으로 쓸어 올리기

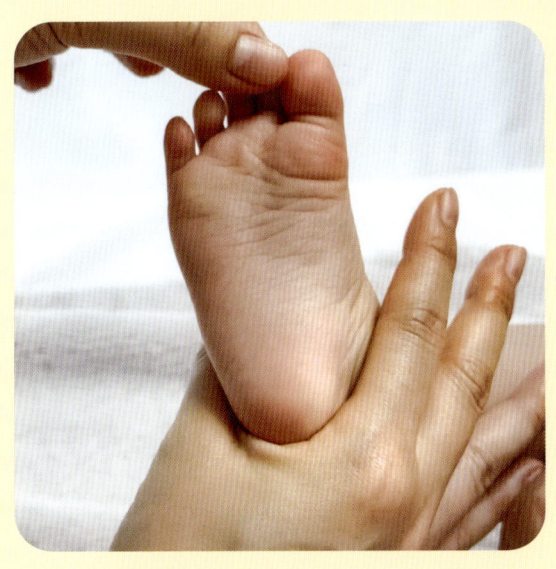

⑤ 발가락 주무르기 (Toe Roll)
엄지와 검지로 발가락 하나씩 부드럽게 주무르기

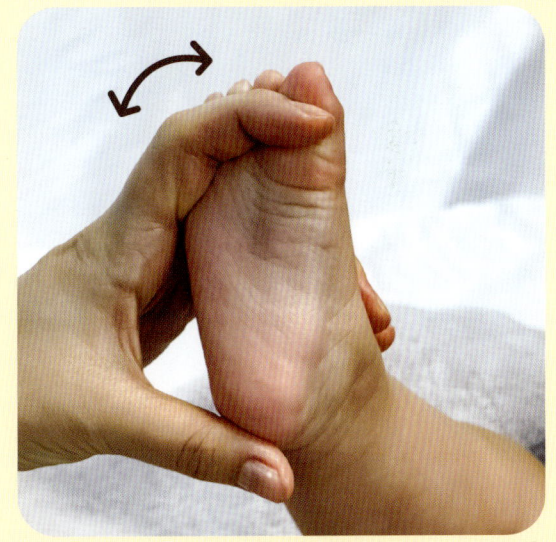

⑥ 발가락 스트레칭
(Under Toes and Balls of the Foot)
검지로 발가락 전체를 뒤로 젖히며 스트레칭하기

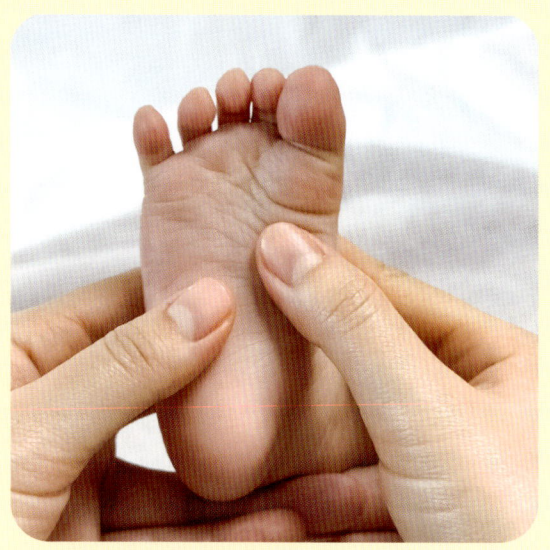

⑦ 발바닥 걷기 (Thumb Press)
엄지로 발바닥 전체를 부드럽게 꾹꾹 누르기

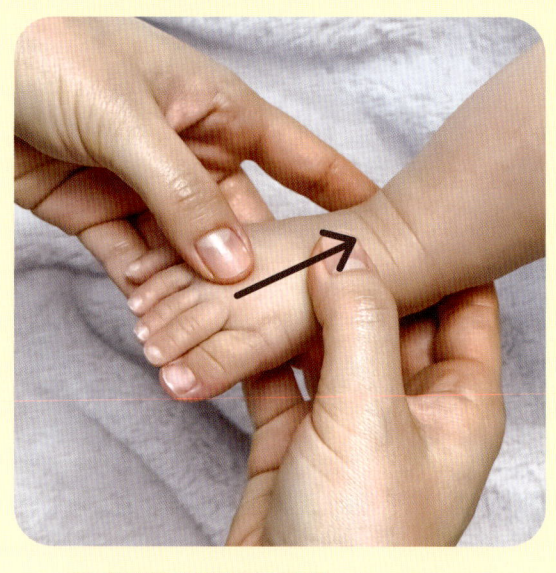

⑧ 발등 쓸어올리기 (Top of Foot)
엄지를 번갈아 가며 발가락→발목 방향으로 쓸어 올리기

⑨ 발목 작은 원 그리기 (Ankle Circles)
엄지로 작은 원을 그리며 발목 전체를 스킨십하기

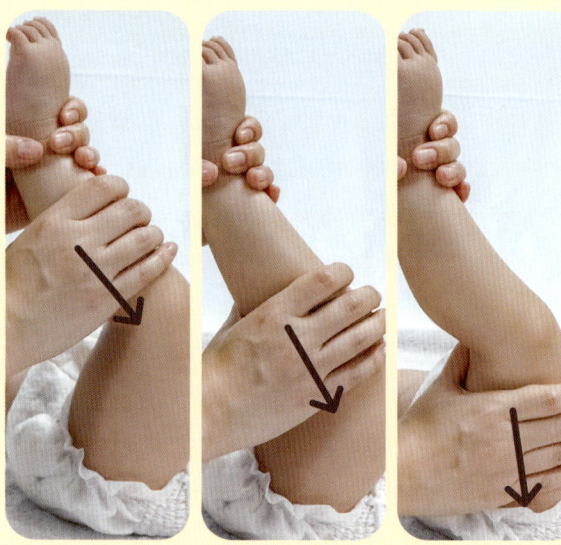

⑩ 스웨디쉬 밀킹 (Swedish Milking)
(1) 한 손으로 발목을 잡고, 발목→허벅지 방향으로
 부드럽게 스킨십하기
(2) 오른손, 왼손 번갈아 가며 스킨십하기

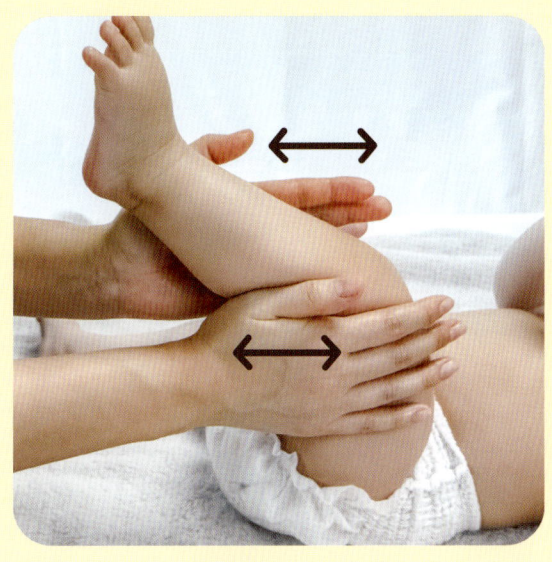

⑪ **롤링** (Rolling)
양손을 앞뒤로 움직이며 허벅지→발목 방향으로 스킨십하기

> **Tip.** 스킨십할 때 "롤링~" 소리내어 움직이면 더욱 재미있게 할 수 있다.

⑫ **엉덩이 작은 원 그리기** (Bottom Relaxer)
손끝을 아이 엉덩이 아래에 두고, 안쪽으로 작은 원을 그리듯이 만져주기

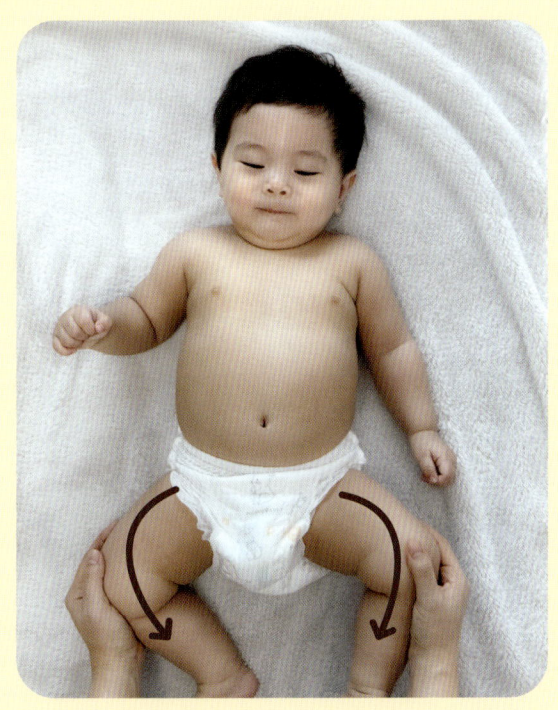

⑬ **다리 전체 쓸어내리기** (Integration)
양손을 허벅지→발 방향으로 부드럽게 쓸어내리기

 **엄마 품 안의 비밀**

오늘의 10분 스킨십

아이와 함께

- **다리·발 스킨십**
  다리 근육과 운동신경을 자극해요.

- **브레인 버튼 자세**
  일상에서 바른 자세를 유지해요.

- **등 토닥이기**
  가족의 등을 따뜻하게 토닥이며 하루를 마무리해요.

부부가 함께

- **손잡기**
  함께 걷거나 대화할 때 자연스럽게 손을 잡아주세요.
  손의 온기가 서로의 마음을 안심시켜 줍니다.

브레인 버튼(Brain Button-마음의 문) 열기

스트레스로 지치고 힘들 때 누군가 조용히 등을 토닥여 주면, 마음이 따뜻해지고 편안해졌던 경험 있으신가요?

우리 몸은 스트레스를 가장 먼저 '등'으로 받아들입니다. 척추가 곧고 바른 자세일 때는 몸 안의 건강한 호르몬들이 원활히 순환되지만, 허리가 구부정하면 공포와 무기력을 느끼게 하는 호르몬인 '엔케팔린'과 '옥토파민'이 쌓여 몸과 마음이 무거워짐을 느낍니다.

이럴 때에는 등을 펴고, 가볍게 쓰다듬거나 토닥여 주는 것만으로도 긴장을 완화하고 마음이 한결 편안해질 수 있습니다.

① 엔케팔린 (Enkephalin)	삶을 두려움과 공포, 불안 속에 머물게 하는 호르몬이다.
② 옥토파민 (Octopamine)	무기력해지고, 쉽게 긴장하며, 의기소침하게 만드는 호르몬이다.

3주 마음돌봄/스킨십

부모 마음 챙기기
[마음 조절] 현재 감정 찾기
| 나에게 필요한 것 찾기 | 4-7-8 호흡

배 스킨십 놀이
속이 편해야 마음도 편해요.

엄마 품 안의 비밀
밥으로만 자라지 않는 아이들

자연의 소리
요한 스트라우스 - 아름답고 푸른 도나우

놀이를 시작하기 전, QR 코드를 스캔하고
음악을 재생하여 마음을 치유해요.

💗 부모 마음 챙기기

[마음 조절]

① 현재 감정 찾기

사랑스러운, 기쁜, 홀가분한, 자랑스러운, 편안한,
질투하는, 신경 쓰이는, 미운, 지긋지긋한, 그리운

- 10개의 감정 중 지금 느껴지는 감정을 찾아보세요.

---

② 나에게 필요한 것 찾기

산책하다, 안아주다, 책을 읽다, 대화하다, 잠자다,
게임을 하다, 눈물을 흘리다, 청소하다, 목욕하다, TV를 보다

- 부정적 감정으로 현재 마음이 힘들다면 다음 행동 중 하고 싶은 것을 찾아보세요.

---

③ 4-7-8 호흡

- 4초 동안 코로 숨을 들이마시며 왼쪽으로 고개를 움직입니다.
- 7초 동안 숨을 멈춘 상태로 가만히 있습니다.
- 8초 동안 입으로 숨을 내쉬며 고개를 가운데로 바로합니다.
- 5~10회 반복합니다.

 **배 스킨십 놀이**

속이 편해야 마음도 편해요

배 스킨십은 소화기관과 배설기관의 기능을 원활하게 도와줍니다. 이를 통해 가스 배출이 쉬워지고, 변비와 배앓이를 예방할 수 있습니다. 배 스킨십은 밥을 먹인 후 20~30분 뒤 시작하는 것이 좋습니다.

뇌	오감을 자극하여 두뇌 발달을 촉진합니다.
몸	피부와 근육을 자극하여 혈액순환을 개선하고 면역력을 강화하며 운동신경을 발달시킵니다.
마음	부모의 사랑이 전달되어 자신감과 사랑이 넘치는 아이로 자라게 됩니다.

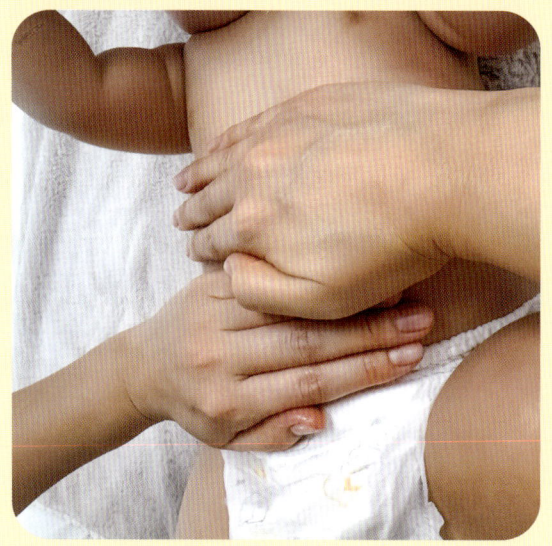

① 레스팅 핸즈 (Resting Hands)
(1) 오일을 충분히 바른 양손을 아이 귀 옆에서 비비며 스킨십이 시작됨을 알려 주기
(2) 따뜻한 양손을 배 위에 가볍게 올려 두기
(3) 스킨십 하는 신체 부위 이름 들려주기

② 물레방아 A (Water Wheel A)
물레방아 움직이듯 위→아래 방향으로
한 손이 다른 손을 따라가며 쓸어내리기

Tip. 배 스킨십은 갈비뼈 아래부터 골반 위까지의 부위를 부드럽게 만져준다.

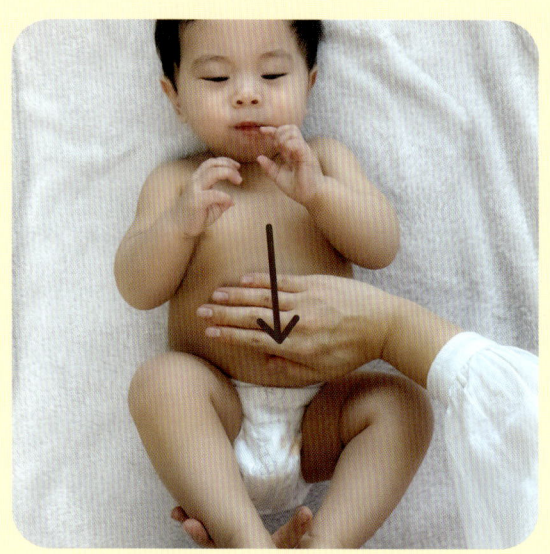

③ 물레방아 B (Water Wheel B)
아이의 양 발목을 들어 올리고,
위→아래 방향으로 배 쓸어내리기

Tip. 아이의 골반이 바닥에서 떨어지지 않아야 한다.

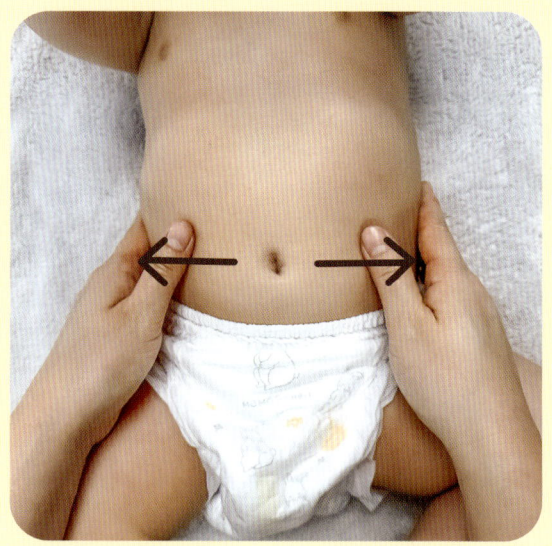

④ 배꼽 옆 양손 엄지 가로로 쓸어내기
(Thumbs to Sides)
엄지를 배꼽 양옆에서 바깥쪽으로 쓸어 주기

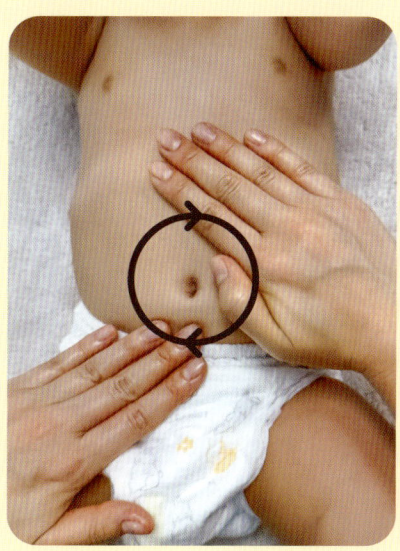 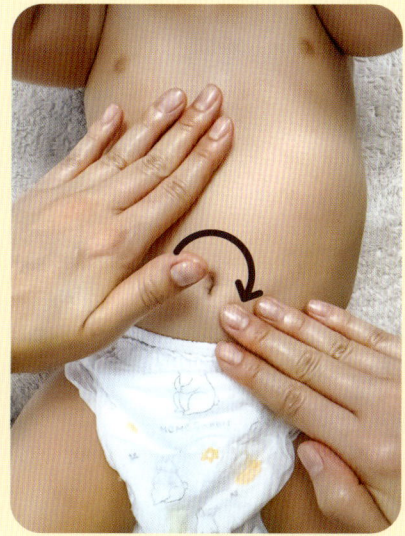 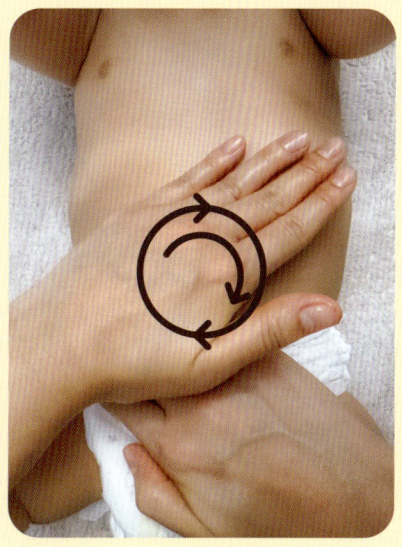

⑤ 해와 달 (Sun and Moon)

(1) 배꼽을 중심으로 왼손은 둥근 해를 그리듯 시계방향으로 움직이기
(2) 오른손은 초승달 모양(10시에서 5시 방향)을 그리듯 움직이기
(3) 양손을 동시에 움직이며 스킨십하기

> **Tip.** 왼손은 배에서 떨어지지 않고, 오른손은 5시 방향까지 부드럽게 움직인 뒤 손을 떼어 10시 방향에 다시 올려놓고 반복한다.

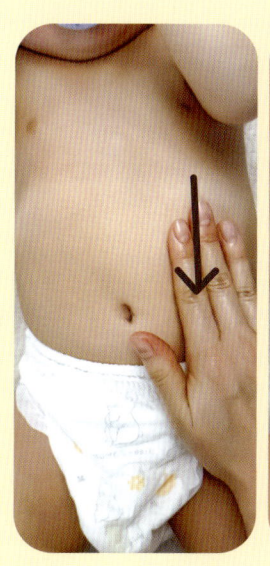 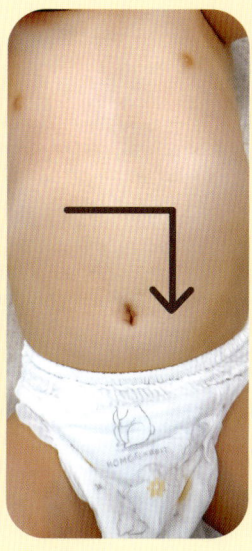 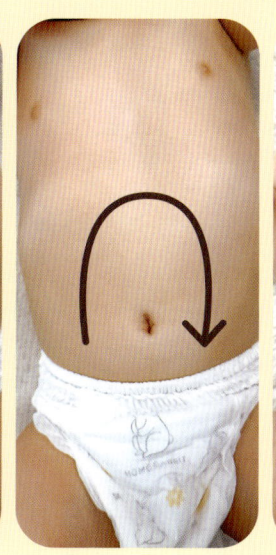 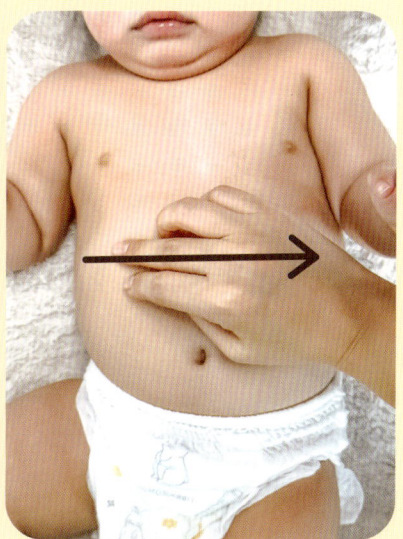

⑥ I Love You

(1) I 모양으로 여러 번 쓸어내리기
(2) L 모양으로 한 번 쓸어내리기
(3) U 모양으로 한 번 쓸어내리기

> **Tip.** '아이', '러브', '유' 소리를 들려주고, 사랑의 표현을 함께 해 준다.

⑦ 손가락 촘촘히 걷기 (Walking)

왼쪽→오른쪽 방향으로
손끝으로 걷듯이 스킨십하기

 **엄마 품 안의 비밀**

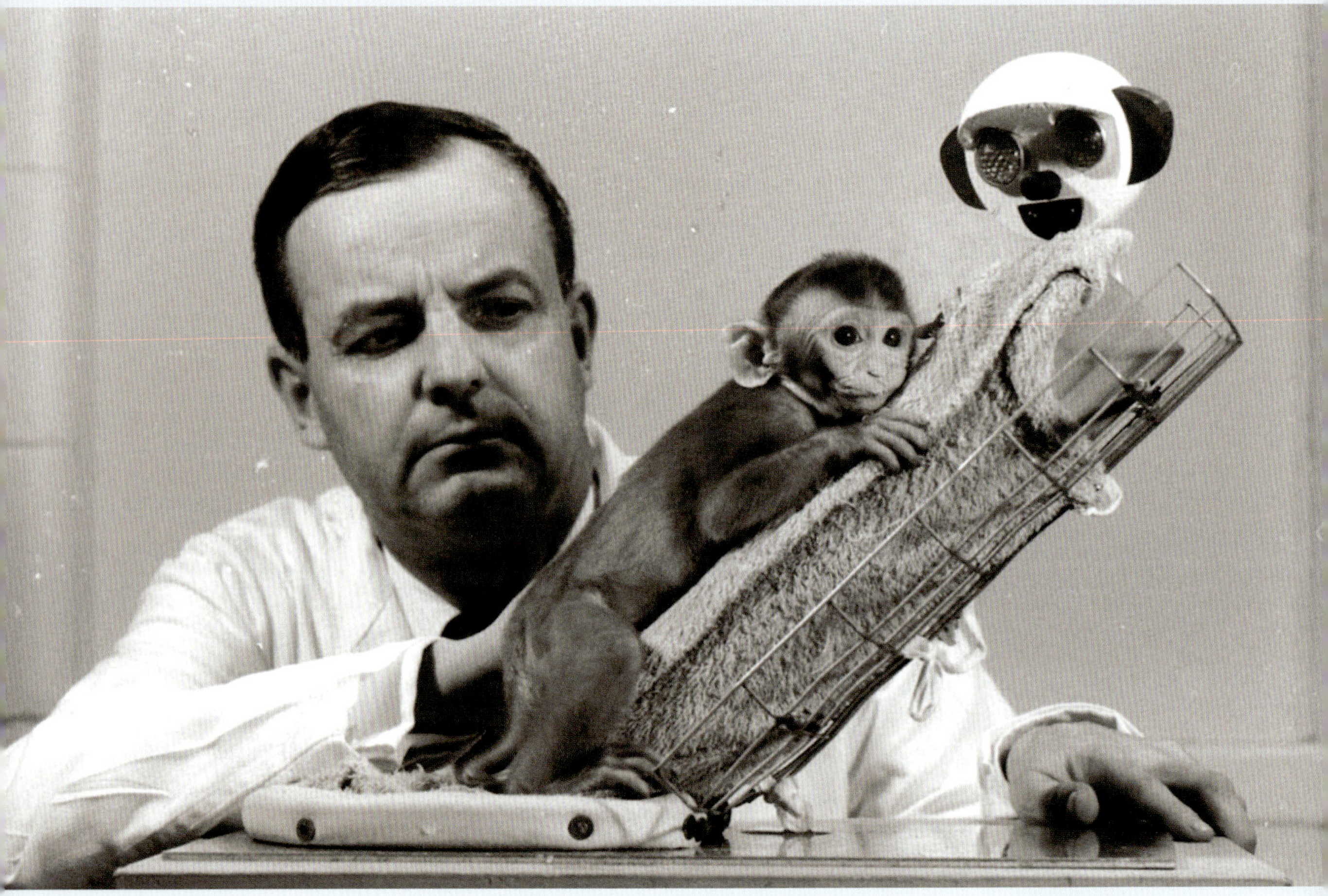

오늘의 10분 스킨십

아이와 함께

🦵 **다리·발 스킨십**
다리 근육과 운동신경을 자극해요.

🥄 **배 스킨십**
소화·배설 기능을 도와요.

> **부부가 함께**
>
> ♥ **머리 쓰다듬기**
> 상대가 피곤하거나 마음이 힘들어 보일 때 조용히 머리를 쓰다듬어 주세요.
> 말보다 더 큰 위로가 됩니다.

밥으로만 자라지 않는 아이들

스킨십을 충분하게 받고 자란 아이들은!

1. 자신을 소중히 여기고, 자신의 모습에 긍정적인 생각을 한다.
2. 편견 없이 맑은 눈으로 세상을 바라보는 힘이 생긴다.
3. 특별히 노력하지 않아도 자연스럽게 에너지가 넘쳐난다.

할로우 박사의 원숭이 실험

할로우 박사는 엄마와의 애착이 아이에게 얼마나 중요한지를 연구했다. 부드러운 천으로 감싼 인공엄마와 젖병이 달린 인공 엄마를 제공하였다. 새끼 원숭이는 부드러운 촉감의 엄마를 온종일 꼭 안고 있었다. 젖병이 달린 인공 엄마는 단순히 먹이통일 뿐, 정서적 안정감은 줄 수 없었던 것이다. 어미와의 접촉 없이 자란 원숭이들은 점점 움츠러들고, 두려움을 느끼며, 자폐적인 행동을 보였다고 한다.

부모님께 드리는 작은 부탁

아이를 꼭 안아주고, 쓰다듬어 주세요.
그냥 안아주는 것도 좋지만 한 번 안아줄 때 마음을 다해 꼭 안아주는 것이 좋습니다.
그리고 "○○아 사랑해! 넌 정말 소중해!"라고 말해주세요.
아이들은 밥으로만 자라지 않습니다.

4주 마음돌봄/스킨십

부모 마음 챙기기
[지금-여기] 현재 감정 찾기 | 잠시 머무르기 | Self Talk | 팔 스트레칭

가슴 스킨십 놀이
마음을 따뜻하게 감싸는 손길
(옥시토신 분비)

엄마 품 안의 비밀
아이의 질투, 현명하게 대처하는 법!

♪
자연의 소리
차이코프스키 - 사계 중 10월 가을의 노래

놀이를 시작하기 전, QR 코드를 스캔하고
음악을 재생하여 마음을 치유해요.

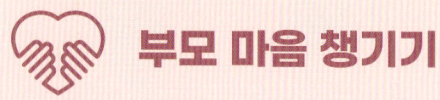 **부모 마음 챙기기**

지금-여기

① 현재 감정 찾기

감동적인, 활기찬, 든든한, 반가운, 여유로운,
긴장한, 분한, 귀찮은, 서운한, 허전한

- 10개의 감정 중 지금 느껴지는 감정을 찾아보세요.

② 잠시 머무르기

느껴지는 모든 감정들을 있는 그대로 받아들여 충분히 공감해 주고
잠시 머물러봅니다.

③ Self Talk

- 양손을 비벼 손을 따뜻하게 하고, 오른손을 왼쪽 가슴에 올려 온기를 느껴봅니다.
- 나에게 따뜻한 어조로 말해 줍니다. (자신의 이름을 넣어 말해 주면 더욱 좋습니다)
- "OO아 오늘도 수고했어, 너니까 할 수 있었어, 고마워"

팔 스트레칭

양팔을 뻗은 뒤 왼팔을 가슴 쪽으로 당겨 오른팔로 감싸고, 오른쪽으로 천천히 당긴 상태로 10초 동안 편안하게 스트레칭합니다.

반대 방향으로 반복합니다.

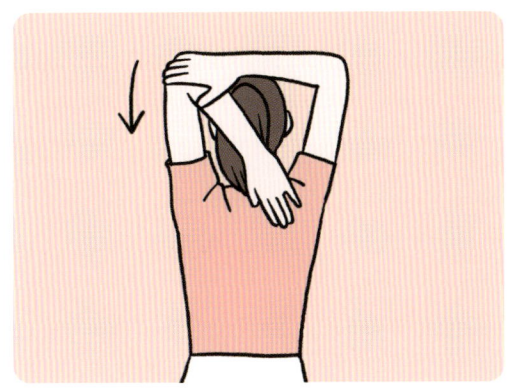

양팔을 머리 위로 쭉 뻗은 뒤 왼팔을 머리 뒤로 구부리고, 오른손으로 왼 팔꿈치를 감싸서 아래로 지그시 10초 동안 누릅니다.

반대 방향으로 반복합니다.

양팔을 몸 앞으로 뻗어 오른손으로 왼손 손가락의 끝을 잡고 손목 쪽으로 10초 동안 지그시 당겨줍니다.

 **가슴 스킨십 놀이**

마음을 따뜻하게 감싸는 손길
(옥시토신 분비)

가슴 스킨십은 심장과 순환기, 폐의 기능을 촉진하며, 성장에 꼭 필요한 '옥시토신' 호르몬의 분비를 도와줍니다. 이 호르몬은 아이에게 행복감과 마음의 편안함을 선사합니다. 반대로 옥시토신 수치가 낮아지면 자존감이 부족해지고, 소통이 원활하지 않으며 정서적으로 불안한 상태로 성장할 수 있습니다.

① 레스팅 핸즈 (Resting Hands)
(1) 오일을 충분히 바른 양손을 아이 귀 옆에서 비비며 스킨십이 시작됨을 알려 주기
(2) 따뜻한 양손을 가슴 위에 가볍게 올려 두기
(3) 스킨십 하는 신체 부위 이름 들려주기

> **Tip.** 가슴 스킨십을 불편해하는 아이들은 레스팅 핸즈만 진행해도 좋다.

② 아이 이름 부르며 하트 만들기 (Open Book)
가슴 중앙→위쪽→양옆→중앙으로 돌아오기 순서로 하트를 그리듯 손을 떼지 않고 스킨십하기

> **Tip.** 아이와 눈 맞추고 이름을 불러 주며 사랑의 표현으로 하트 그려 주기

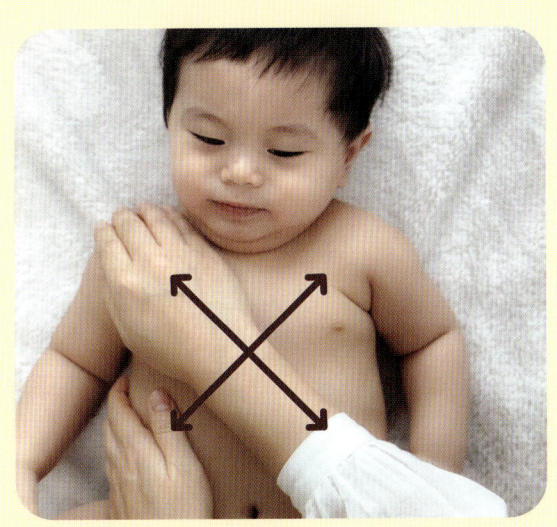

③ 나비 만들기 (Butterfly)
양쪽 갈비뼈에서 한 손씩 아이의 어깨로 부드럽게 쓸어 올렸다 내리기

> **Tip.** "우리 아이 나비가 되어 볼까?"라는 말과 함께 눈을 맞추고 한다.

> **Tip.** 손톱으로 아이의 턱을 할퀴지 않도록 주의한다.

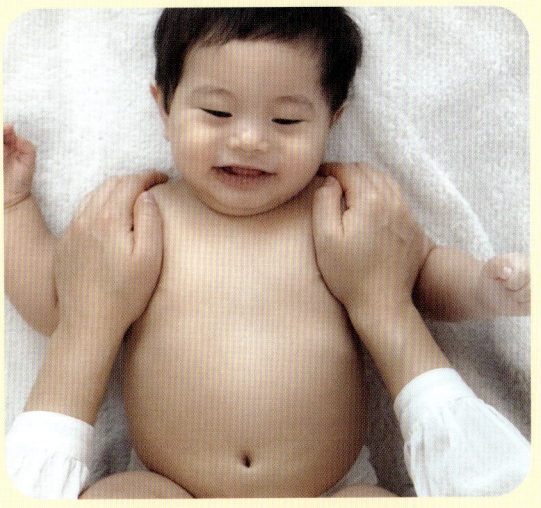

④ 가슴 전체 쓸어내리기
양손을 가슴→배→다리→발까지 부드럽게 쓸어내리기

4주 프로그램 | 47

 **엄마 품 안의 비밀**

오늘의 10분 스킨십

아이와 함께

🥄 **배 스킨십**
소화·배설 기능을 도와요.

❤️ **가슴 스킨십**
행복감과 마음의 편안함을 높여줘요.

부부가 함께

❤️ **등 토닥이기, 팔짱 끼기**
격려가 필요할 때는 등을 가볍게 두드리거나 팔짱을 껴보세요.
비언어적 지지가 됩니다.

아이의 질투, 현명하게 대처하는 법!

"아빠, 저리 가! 엄마랑만 잘 거야!" "엄마 싫어! 아빠랑 뽀뽀하지 마!"
아이를 키우다 보면 이런 말들을 들어본 적이 있을 것입니다. 프로이트는 이를 '남근기'라 부르며, 이 시기에 남자 아이는 아빠를, 여자 아이는 엄마를 경쟁자로 느끼고 '내가 제거당할지도 모른다'라는 불안을 경험한다고 설명했습니다.

이때 아이의 욕구를 지나치게 받아주거나, 부부가 서로를 존중하지 않는 모습을 자주 보이면 아이는 이러한 불안을 건강하게 극복하지 못할 수 있습니다. 부모의 균형 잡힌 사랑과 존중이 아이의 정서적 성장에 중요한 역할을 합니다.

5주 마음돌봄/스킨십

부모 마음 챙기기
[세계 명화] 고흐 '별이 빛나는 밤'

팔, 손 스킨십 놀이
정서와 자존감을 이어주는 다리

엄마 품 안의 비밀
착한 사람 증후군
(Good Person Syndrome)

♪
자연의 소리
슈베르트 - 아르페지오네 소나타 1악장

놀이를 시작하기 전, QR 코드를 스캔하고
음악을 재생하여 마음을 치유해요.

부모 마음 챙기기

세계명화 고흐 '별이 빛나는 밤'

고흐의 대표작 중 하나로 꼽히는 '별이 빛나는 밤'은 그가 폴 고갱과 다툰 뒤 스스로 귀를 자른 사건 이후, 요양원에 있을 때 그린 것입니다. 고흐가 풍경을 보고 그린 것이 아닌 자신의 기억을 되살려서 그린 그림입니다.

- 그림 속에서 어떤 소리가 들리나요?

- 가만히 눈을 감고 별이 빛나는 고요한 밤을 상상해 봅니다. 어떤 감정이 느껴지나요?

- 후각을 이용해 밤하늘에서 느껴지는 향기를 맡아 보세요.

- 그림의 제목을 자유롭게 지어보세요.

팔, 손 스킨십 놀이

정서와 자존감을 이어주는 다리

팔과 손의 스킨십은 두뇌와 신경계 발달에 긍정적인 영향을 주며, 근육을 단단하게 하고 혈액순환을 도와 손을 따뜻하게 보호해 줍니다. 손바닥과 발바닥에는 주요 장기와 연결된 부위가 있어 꾸준한 스킨십은 장기 건강에도 도움이 됩니다.

어린 시절 부모의 따뜻한 손길과 안아주기는 아이의 안정감과 애착 형성에 큰 역할을 하며, 자존감과 사회성이 높은 아이로 자라게 합니다. 반대로 스킨십이 부족한 아이는 불안감이 크고 인간관계에서 어려움을 겪을 수 있습니다.

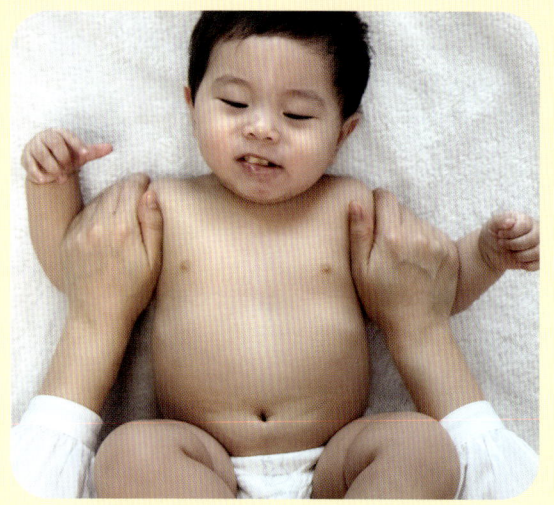

① 레스팅 핸즈 (Resting Hands)
(1) 오일을 충분히 바른 양손을 아이 귀 옆에서 비비며 스킨십이 시작됨을 알려 주기
(2) 따뜻한 양손을 팔 위에 가볍게 올려 두기
(3) 스킨십 하는 신체 부위 이름 들려주기

② 겨드랑이 쓸어내리기 (Pit Stop)
팔을 가볍게 올리고, 겨드랑이를 부드럽게 반복하여 쓸어내리기

※ **겨드랑이 쓸어내리기(Pit Stop)란?**
아이의 겨드랑이를 쓸어내리며 림프절을 자극한다. 아이가 간지러워 팔을 오므린다면 억지로 펴지 않고 편안한 상태에서 자연스럽게 스킨십한다.

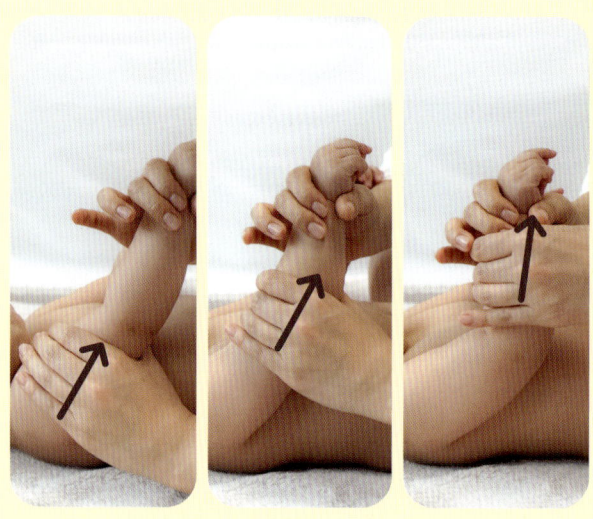

③ 인디언 밀킹 (Indian Milking)
(1) 한 손으로 손목을 잡고, 어깨→손목 방향으로 부드럽게 스킨십하기
(2) 오른손, 왼손 번갈아 가며 스킨십하기

※ **인디언 밀킹(Indian Milking)이란?**
Milking은 '젖을 짜다'라는 뜻에서 유래한 말로, 부드럽게 주무르는 동작을 의미한다.

④ 가볍게 비틀기 (Hug and Glide)
양손을 동시에 좌우로 살짝 비틀어 움직이면서 어깨→손목 방향으로 부드럽게 스킨십하기

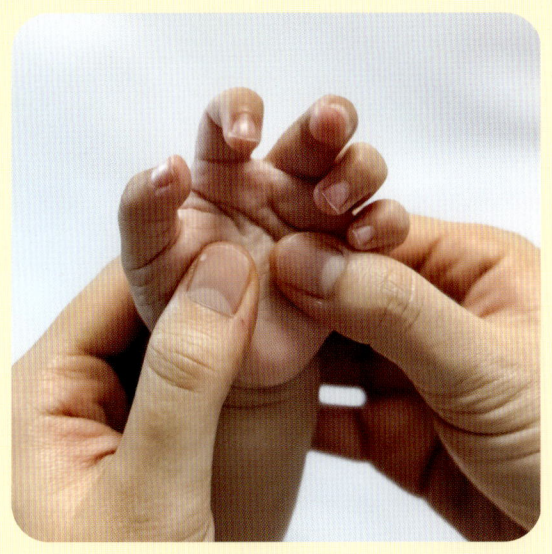

⑤ 손바닥 걷기 (Thumb Press)
엄지로 손바닥 전체를 부드럽게 꾹꾹 누르기

⑥ 손가락 주무르기 (Finger Roll)
엄지와 검지로 손가락을 하나씩 부드럽게 주무르기

> **Tip.** 손가락을 강하게 펴지 않고, 자연스럽게 구부러져 있는 상태로 주물러 준다.

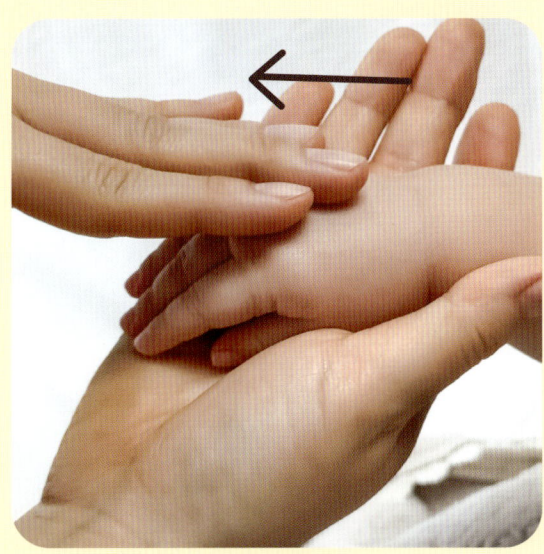

⑦ 손등 쓸어내리기 (Top of Hand)
손목→손가락 방향으로 쓸어내리기

⑧ 손목 작은 원 그리기 (Wrist Circles)
엄지로 작은 원을 그리며 손목 전체를 스킨십하기

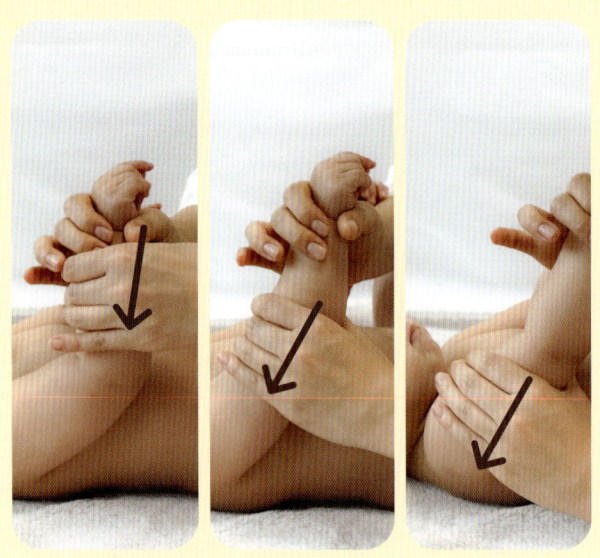

⑨ 스웨디쉬 밀킹 (Swedish Milking)
(1) 한 손으로 손목을 잡고, 손목→어깨 방향으로 부드럽게 스킨십하기
(2) 오른손, 왼손 번갈아 가며 스킨십하기

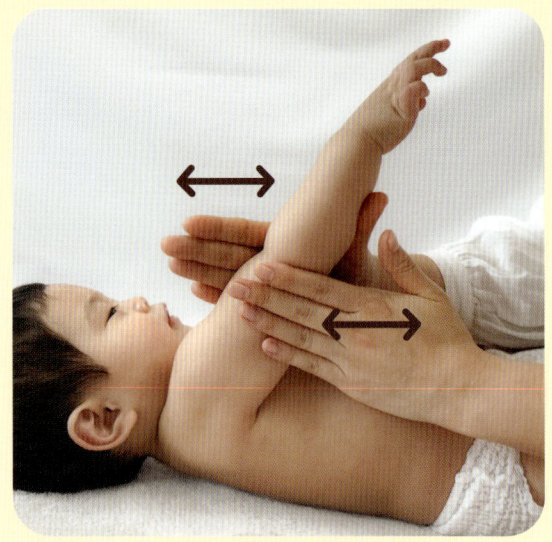

⑩ 롤링 (Rolling)
양손을 앞뒤로 움직이며 어깨→손목 방향으로 스킨십하기

Tip. 스킨십할 때 "롤링~" 소리내어 움직이면 더욱 재미있게 할 수 있다.

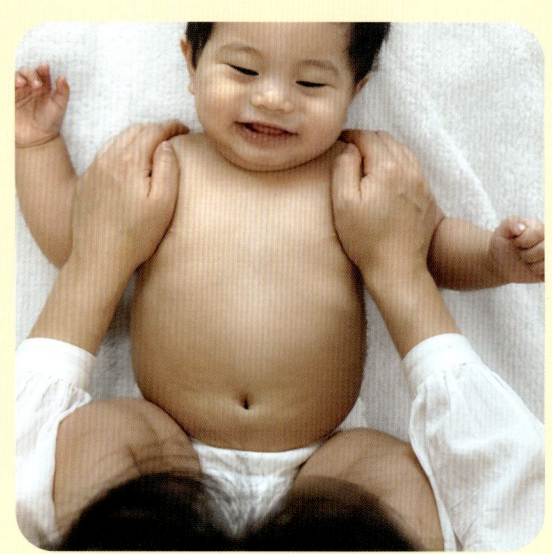

⑪ 팔 전체 쓸어내리기 (Integration)
양손을 어깨→팔→손까지 부드럽게 쓸어내리기

엄마 품 안의 비밀

오늘의 10분 스킨십

아이와 함께

- ❤️ **가슴 스킨십**
  행복감과 마음의 편안함을 높여줘요.

- ✋ **팔·손 스킨십**
  근육과 뇌신경 발달을 도와줘요.

부부가 함께

- ❤️ **불쑥 뒤에서 안아주기**
  일상에서 갑작스러운 백 허그는 로맨틱한 놀람이 될 수 있습니다.

착한 사람 증후군 (Good Person Syndrome)

'착한 사람 증후군'이란?
타인의 기대에 맞추려고 자신의 감정을 숨기고
무조건 착한 행동을 하는 병적인 심리를 말한다.

병적인 착함

- 힘들어도 괜찮은 척한다.
- 모두의 문제를 해결하려 한다.
- 할 수 없는데도 할 수 있다고 한다.
- 거절을 못 하고, 늘 타인의 기대와 요구를 우선시한다.

건강한 착함

- 감당할 수 있는 만큼만 YES 하고 감당할 수 없는 건 정중하게 NO 한다.
- 도와주고 억울하지 않아야 한다.
- 필요할 땐 스스로 도움을 요청할 줄 알아야 한다.

나 자신을 희생하는 착함이 아니라, 나도 행복한 착함이 더 중요하다.

6주 마음돌봄/스킨십

부모 마음 챙기기
[마음 조절] 현재 감정 찾기
| 나에게 필요한 것 찾기 | 4-7-8 호흡

얼굴 스킨십 놀이
따뜻한 눈 맞춤으로 나누는 마음

엄마 품 안의 비밀
충분히 좋은 엄마
(Good Enough Mother)

♪
자연의 소리
그리그 - 솔베이지의 노래

놀이를 시작하기 전, QR 코드를 스캔하고
음악을 재생하여 마음을 치유해요.

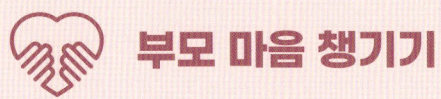 부모 마음 챙기기

마음 조절

① 현재 감정 찾기

설레는, 행복한, 감사한, 기대하는, 자신 있는,
불안한, 두려운, 억울한, 부담스러운, 우울한

- 10개의 감정 중 지금 느껴지는 감정을 찾아보세요.

② 나에게 필요한 것 찾기

노래 부르다, 만나다, 위로하다, 달리다, 요리하다,
망가뜨리다, 하늘을 바라보다, 생각하다, 먹다, 멈추다

- 10개의 행동 중 나에게 필요한 행동을 찾아보세요.

③ 4-7-8 호흡

- 4초 동안 코로 숨을 들이마시며 양팔을 천천히 머리 위로 올립니다.
- 7초 동안 숨을 멈춘 상태로 가만히 있습니다.
- 8초 동안 입으로 숨을 내쉬며 양팔을 천천히 아래로 내립니다.
- 5~10회 반복합니다.

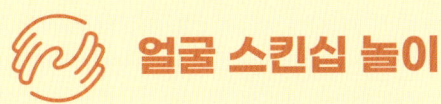 **얼굴 스킨십 놀이**

따뜻한 눈 맞춤으로 나누는 마음

얼굴 근육을 부드럽게 단련시키고, 긴장을 자연스럽게 풀어주는 시간입니다.
아이와의 따뜻한 접촉은 엄마, 아빠 그리고 가족 모두에게 '옥시토신'이라는 행복 호르몬을 선물해 줍니다. 이 호르몬은 스트레스 지수를 낮추고 마음을 편안하게 만들어 줍니다.

특히 아이의 눈을 마주 보며 다정한 목소리로 말을 걸어주면, 아이는 사랑을 배우고 전두엽이 자극되어 두뇌 발달이 한층 더 촉진됩니다.

① 이마 옆으로 쓸어내리기 (Open Book)
이마 중앙→옆쪽(관자놀이)으로 반복해서 쓸어내리기

Tip. 얼굴 스킨십은 오일 없이 또는 소량의 로션으로 가볍게 진행하며, 손이 아이의 눈을 가리지 않도록 주의한다.

② 눈썹 이완하기 (Relax your Eyes)
눈썹 머리→끝 방향으로 부드럽게 쓸어 내리기

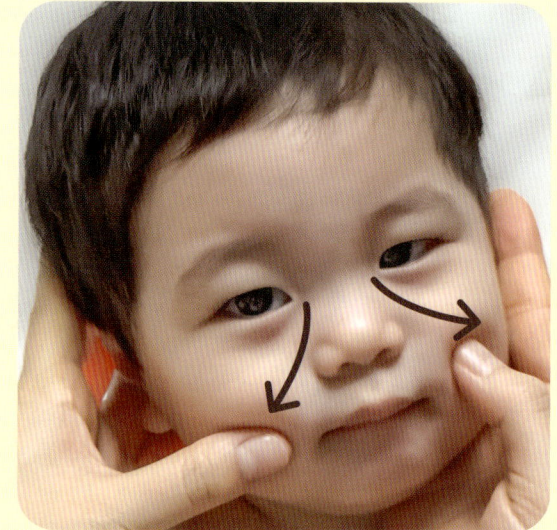

③ 콧대와 광대뼈 쓸어내리기 (Towards Bridge of Nose, under Cheekbone)
엄지로 콧대 양옆을 따라 미간까지 올라갔다가 광대뼈 아래까지 부드럽게 쓸어내리기

Tip. 엄지로 눈을 찌르지 않게 주의한다.

④ 스마일 라인 만들기 A (윗입술)
(A. Smile above Upper Lip)

(1) 윗입술 선을 따라 가운데→입꼬리 방향으로 만져 주기
(2) 입꼬리를 살짝 위로 올려 주어 웃는 얼굴 만들어주기

⑤ 스마일 라인 만들기 B (아랫입술)
(B. Smile below Lower Lip)

(1) 아랫입술 선을 따라 가운데→입꼬리 방향으로 만져 주기
(2) 입꼬리를 살짝 위로 올려 주어 웃는 얼굴 만들어주기

⑥ 볼 작은 원 그리기 (Relax the Jaw)

양손 끝 부드러운 부분을 볼에 대고
바깥쪽으로 작은 원을 그리듯 만져주기

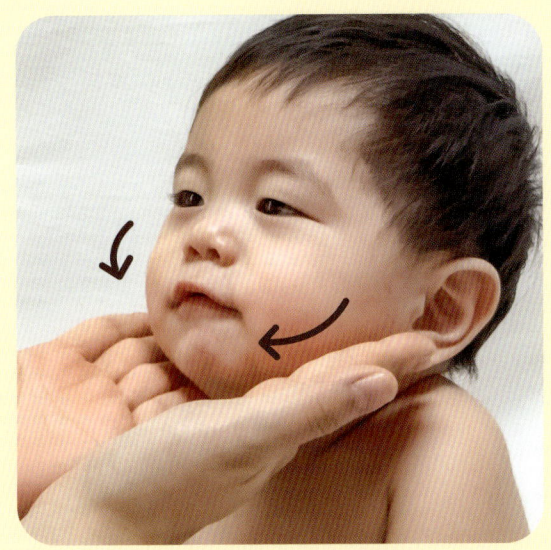

⑦ 귀와 턱뼈 쓸어내리기
(Ears, Neck, and all those Chins)

양손 끝 부드러운 부분으로
귀 뒤→턱→목 아래로 쓸어내리기

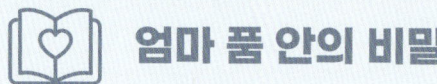 **엄마 품 안의 비밀**

오늘의 10분 스킨십

아이와 함께

✋ **팔·손 스킨십**
근육과 뇌신경 발달을 도와줘요.

👶 **얼굴 스킨십**
얼굴 근육을 단련하고 이완시켜줘요.

부부가 함께

💗 **서로의 손등 토닥토닥 해주기**
말 꺼내기 어려울 때 '손부터 잡아보는 용기'가 회복의 시작입니다.

충분히 좋은 엄마 (Good Enough Mother)

도널드 위니컷은 생후 첫해의 아이를 '절대적 의존기'라 불렀습니다. 이 시기 아이에게 가장 중요한 존재는 엄마이며, 위니컷은 '충분히 좋은 엄마(Good Enough Mother)'의 따뜻한 몰입이 아이의 심리를 건강하게 지켜준다고 말했습니다.

엄마의 따뜻한 사랑은 아이에게 안정감을 주며, 불안과 회피, 그리고 중독과 같은 문제를 예방하는 데 중요한 역할을 합니다.

반대로, 이 시기에 돌봄이 부족하거나 양육자가 자주 바뀌면 아이는 자신보다 타인에게 더 민감해지고, '나'라는 감각이 제대로 자라지 못할 수 있습니다.

7주 마음돌봄/스킨십

부모 마음 챙기기
[지금-여기] 현재 감정 찾기
| 잠시 머무르기 | Self Talk | 상체 스트레칭

등 스킨십 놀이
자율신경이 안정된 편안한 정서

엄마 품 안의 비밀
불안, 내 안의 목소리
: 그 속에서 나를 찾는 법

자연의 소리
그리그 - 피아노 협주곡 가단조 1악장

놀이를 시작하기 전, QR 코드를 스캔하고
음악을 재생하여 마음을 치유해요.

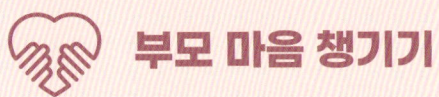 **부모 마음 챙기기**

`지금-여기`

① 현재 감정 찾기

감동적인, 든든한, 신나는, 반가운, 편안한
놀란, 당황한, 지루한, 미안한, 슬픈

- 10개의 감정 중 지금 느껴지는 감정을 찾아보세요.

② 잠시 머무르기

내가 느낀 이 감정들이 왜 일어났는지 가만히 생각해 보고,
'그래서 그랬구나!' 라며 그 감정들을 충분히 인정하고 받아들입니다.
부정적 감정조차도 내 것이기에 하나하나 소중히 마음에 담아 안아줍니다.

③ Self Talk

- 양손 끝으로 가슴을 통통통 쳐 주면서 스트레스 호르몬을 밖으로 배출시킵니다.
- 나에게 따뜻한 어조로 말해 줍니다.
- '내가 편안하기를', '내가 건강하기를', '내가 자유롭기를'

상체 스트레칭

깍지를 끼고 양팔을 앞으로 쭉 뻗어 손바닥이 앞을 향하게 한 다음 10초 동안 멈추고 등을 스트레칭합니다.

깍지를 끼고 양팔을 위로 올린 상태에서 손바닥이 하늘을 향해 상체를 왼쪽 오른쪽으로 젖히며 10초 동안 자세를 유지합니다.

등 뒤로 깍지 끼고 손바닥이 아래쪽을 향해 팔을 내리며 10초 동안 가슴을 스트레칭합니다.

등 스킨십 놀이

자율신경이 안정된 편안한 정서

척추를 곧게 세우는 것은 자율신경을 안정시키고, 창의력과 자신감을 높이는 데 도움이 됩니다. 척추뼈가 바르게 정렬되어 있을 때, 머리가 맑아지고 집중력이 높아지며, 키 성장에도 긍정적인 영향을 줍니다. 또한, 근육을 이완시켜 예민한 아이를 편안하게 해주고 스트레스를 배출시켜 마음의 성장을 도와줍니다.

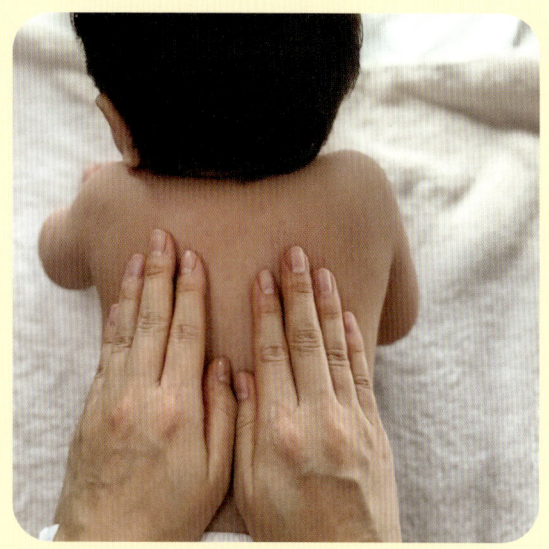

① 레스팅 핸즈 (Resting Hands)
(1) 오일을 충분히 바른 양손을 아이 귀 옆에서 비비며 스킨십이 시작됨을 알려 주기
(2) 따뜻한 양손을 등 위에 가볍게 올려 두기
(3) 스킨십 하는 신체 부위 이름 들려주기

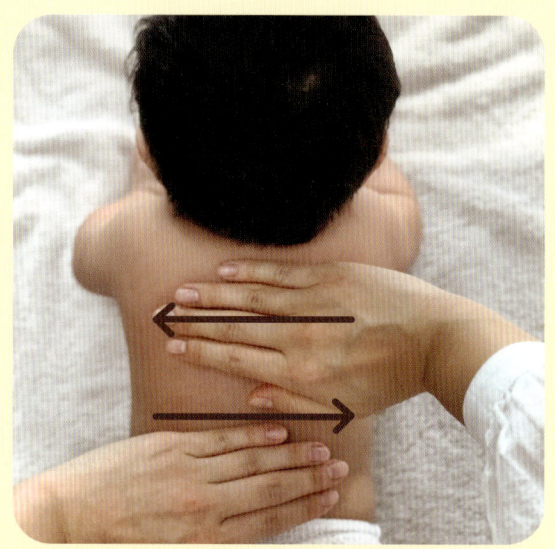

② 양손 교차하며 가로로 쓸기 (Back and Forth)
양손을 등 위에 올리고 좌우로 교차하며 쓸어내리기

Tip. 아이가 가로로 누워 있다면 양손을 나란히 등 위에 올린 뒤, 교차하며 스킨십한다.

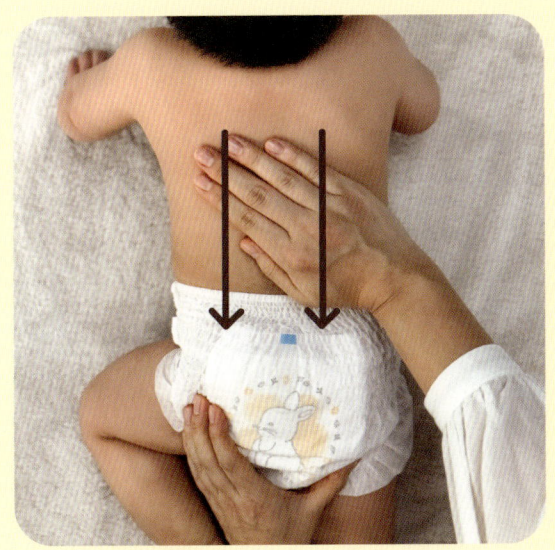

③ 목에서 엉덩이 쓸어내리기
(Swooping Part A)

(1) 한 손으로 엉덩이 아래 받쳐 주기
(2) 목→엉덩이 방향으로 천천히 반복하여 쓸어내리기

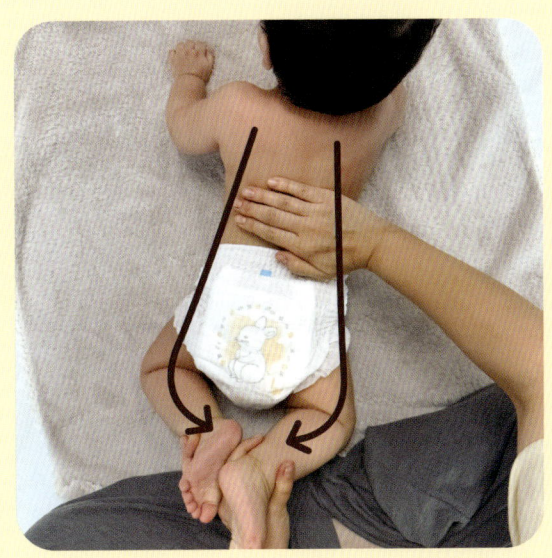

④ 목에서 발목까지 쓸어내리기
(Swooping Part B)

(1) 한 손으로 양 발목을 가볍게 잡기
(2) 목→오른쪽/왼쪽 발목 방향으로 쓸어내리기

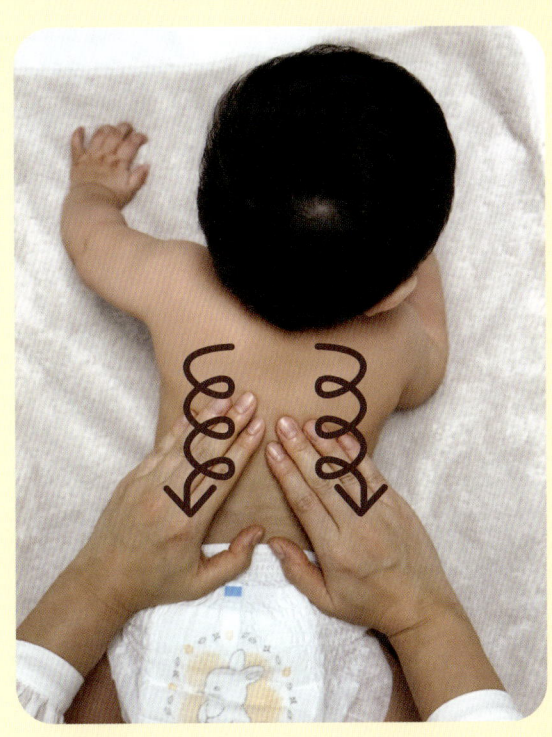

⑤ 척추 작은 원 그리기 (Back Circles)
척추 양옆을 따라 위→아래 방향으로
작은 원을 그리듯 스킨십하기

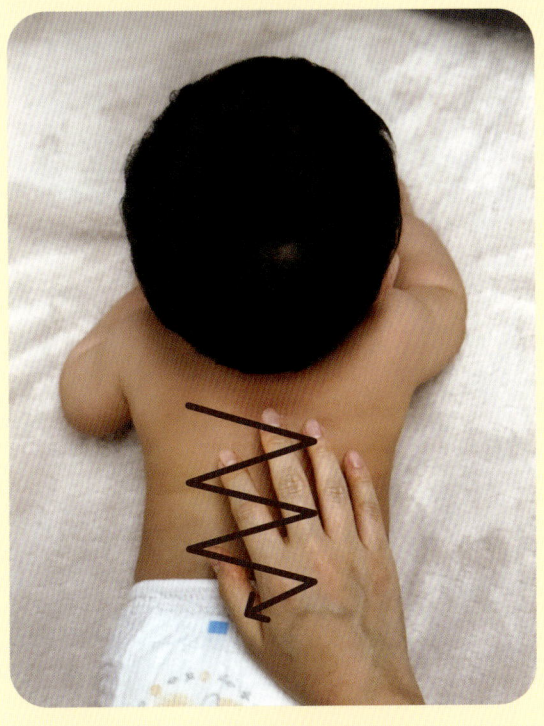

⑥ 손끝으로 가볍게 빗질하기 (Combing)
위→아래 방향으로 지그재그 움직이며
빗질하듯 쓸어내리기

7주 프로그램 | 73

 ## 엄마 품 안의 비밀

오늘의 10분 스킨십

아이와 함께

- 😊 얼굴 스킨십
  얼굴 근육을 단련하고 이완시켜줘요.
- 🪑 등 스킨십
  척추를 곧게 하고 스트레스를 배출해줘요.

부부가 함께

- ❤️ 마주 보고 발바닥 서로 맞대어 보기
  발바닥의 온기로 서로의 마음을 조용히 전해보세요.

불안, 내 안의 목소리 : 그 속에서 나를 찾는 법

병적인 불안의 종류

범불안장애

- 불안의 옷을 입고 사는 것처럼 항상 걱정 속에서 살아간다.
- 쉬는 날에도 불안, 일하는 날에도 불안, 성공해도 불안, 실패해도 불안하다.
- 범불안장애는 0~4세 무의식 속에 저장된 불안이 계속해서 되살아나는 것이다.
- ■ 처방전 : 내 이름을 넣어 위로해 준다.
  "○○아, 일어나지 않는 불안이야! 지난해 이맘때도 불안했지만, 지금 너를 봐, 넌 괜찮아!"

사회불안장애

- 사람들 앞에서 말하는 것, 함께 식사하는 것조차 부담스럽다.
- '창피당하지 마', '잘해야 해', '부정적인 평가 받으면 안 돼!'라는 소리가 머릿속을 맴도는 불안이다.
- ■ 처방전 : 내가 불완전한 사람임을 노출한다.
  '난 완전하지 않아!', '난 괜찮지 않아!'

강박불안장애

- 나의 의지와 상관없이 특정한 행동과 생각을 반복하게 된다.
- '완벽해야 해', '가치 있는 사람이 되어야 해', '착해야 해'라는 내면의 목소리에 지배당하는 불안이다.
- ■ 처방전 : '실수해도 괜찮아'라고 자신에게 말해주고, '하루에 3번 실수하기'를 실천한다.

공황장애

- 불안이 극에 달하면 나타나는 증상이다.
- 마치 죽음이 코앞에 닥칠 것 같은 극도의 불안이 공황장애다.
- ■ 처방전 : 햇빛 아래 그림자가 보이는 것은 당연하다. 자신의 불안한 것(그림자)을 숨기지 않는다. 가슴을 펴고 4-7-8 호흡을 한다. 숨을 뱉을 때 브레인 버튼(가슴 양쪽 쇄골 아래 부위)을 통통통 쳐준다.

8주 마음돌봄/스킨십

부모 마음 챙기기
[세계명화] 마티스 '이카루스'

머리가 좋아지는 스킨십 놀이
전두엽을 톡톡, 영재로 자라기

엄마 품 안의 비밀
첫 번째 우뇌, '무의식의 방'

자연의 소리
베토벤 - 피아노 소나타 월광 3악장

놀이를 시작하기 전, QR 코드를 스캔하고
음악을 재생하여 마음을 치유해요.

부모 마음 챙기기 　　　　　세계명화 마티스 '이카루스'

그리스 신화 속 이카루스는 아버지가 만들어 준 날개를 달고 하늘을 날아갑니다.
이카루스가 멈추지 않고 태양을 향해 돌진하다 밀랍으로 붙인 날개가 녹아서 떨어지는 순간을 표현한 작품입니다.

- 이카루스가 하늘을 날며 느꼈던 자유와 흥분과 같은 감정을 느껴본 적이 있나요?

- 타인의 도전과 자유로움을 볼 때 어떤 마음이 떠오르나요?

- 열심히 노력했지만 실패하고 좌절했던 경험이 있나요?

- 그 경험을 겪었던 나에게 어떤 말을 전해주고 싶나요?

 **머리가 좋아지는 스킨십 놀이**

전두엽을 톡톡, 영재로 자라기

전두엽이 활성화되어 생각이 더 깊고 풍부하게 자라며 이해력, 분별력, 사고력 발달에 도움을 줍니다. 사랑받고 있다는 느낌이 더해지면, 편도체도 함께 안정되어 마음이 더 단단하게 성장합니다.

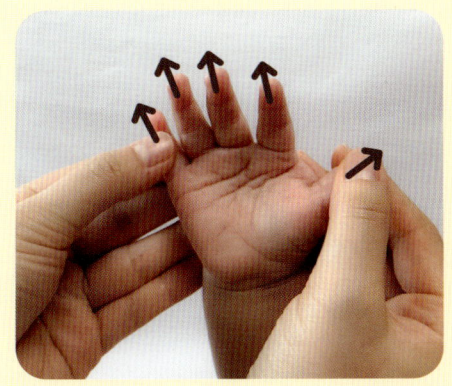
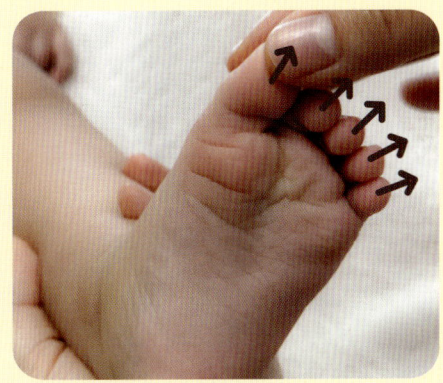

① 지문 누르며 당기기
손가락, 발가락 지문을 부드럽게 누르며 위로 빼 주기

② 이마 쓸어 올리기
눈썹 머리→이마 라인까지 번갈아 가며 쓸어 올리기

③ 머리 쓰다듬기
옆머리→뒷머리 방향으로 부드럽게 쓸어주기

엄마 품 안의 비밀

오늘의 10분 스킨십

아이와 함께

- **등 스킨십**
  척추를 곧게 하고 스트레스를 배출해줘요.

- **머리가 좋아지는 스킨십**
  이해력, 분별력, 사고력을 높여줘요.

> **부부가 함께**
>
> ❤️ **간단한 말로 응원하기**
> 무심히 손을 잡으며 "나 여기 있어" 말해주어요.
> 등을 토닥이며 "오늘도 수고했어" 말해주어요.
> 살짝 건넨 입맞춤에 "지금 고마워" 말해주어요.

첫 번째 우뇌, '무의식의 방'

아이가 태어나 가장 먼저 발달하는 것은 바로 우뇌입니다.
그중에서도 우뇌의 첫 번째 방에는 '무의식'이 자리를 잡습니다.
무의식은 무언가를 기억하려 애쓰지 않습니다.
그저 보고, 듣고, 느끼는 모든 것을 스펀지처럼 받아들입니다.
부모의 말투, 표정, 행동 하나하나가 아이의 마음 깊숙한 곳에 조용히 스며듭니다.

- 엄마가 아이를 따뜻한 눈빛으로 바라볼 때 아이의 뇌에는 '나는 소중한 존재야!'라는 감정이 새겨진다.
- 엄마의 불안과 짜증 섞인 목소리는 '세상은 불안한 곳이야!'라는 감정이 자리 잡는다.

> **이 시기에 중요한 것은 스킨십과 눈맞춤!**
>
> 우리 아이가 사랑받고, 자신감 넘치는 사람으로 자라려면, 매일 따뜻한 스킨십과 눈맞춤이 소중한 밑거름이 된다.

9주 마음돌봄/스킨십

부모 마음 챙기기
[마음조절] 현재 감정 찾기
| 나에게 필요한 것 찾기 | 4-7-8 호흡

사랑이 전해지는 스킨십 놀이
웃는 얼굴로 마음 지키기

좋은 부모 교육
두번째 우뇌, '치유의 방'

♪
자연의 소리
쇼팽 - 야상곡

놀이를 시작하기 전, QR 코드를 스캔하고 음악을 재생하여 마음을 치유해요.

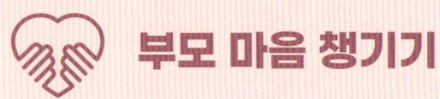
부모 마음 챙기기

마음 조절

① 현재 감정 찾기

사랑스러운, 활기찬, 기쁜, 안심한, 만족스러운,
무서운, 원망스러운, 곤란한, 부러운, 피곤한

- 10개의 감정 중 지금 느껴지는 감정을 찾아보세요.

② 나에게 필요한 것 찾기

- 핸드폰에 저장된 사진 중 행복했던 순간들을 찾아 잠시 그 시간으로 돌아가 행복을 꺼내보세요.

③ 4-7-8 호흡

- 4초 동안 코로 숨을 들이마시며 가슴을 펴고 어깨를 편안하게 둡니다.
- 7초 동안 숨을 멈춘 상태로 가만히 있습니다.
- 8초 동안 1초씩 숨을 나누어 후!후!후! 소리를 내면서 숨을 밖으로 뱉어내듯 아드레날린(흥분·긴장 호르몬)을 밖으로 배출시킵니다.
- 5~10회 반복합니다.

 **사랑이 전해지는 스킨십 놀이**

웃는 얼굴로 마음 지키기

웃는 아이는 사랑 속에서 자랍니다. 마음이 편안하니 자연스럽게 웃음이 나오고, 그 웃음은 다시 더 큰 사랑을 불러옵니다. 그렇게 아이의 자존감이 조금씩 자라며, '나는 괜찮아'라는 믿음이 마음속에 자리 잡습니다. 웃음은 마음을 단단하게 해 주는 따뜻한 에너지가 됩니다.

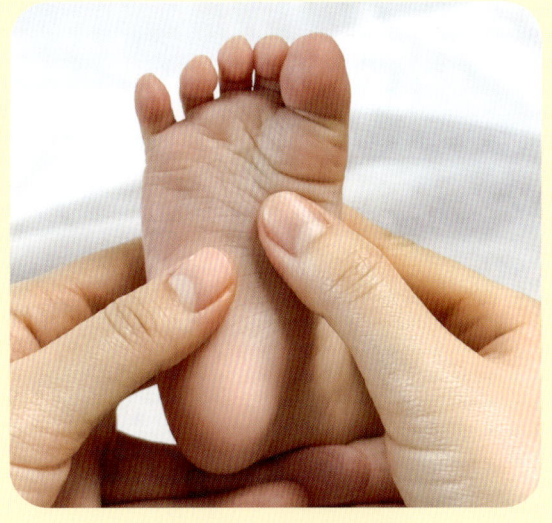

① 발바닥 문지르기
양 엄지로 발바닥 중심부터 좌우, 상하로
번갈아 가면서 문지르기

② 배 문지르기
엄지를 제외한 네 손가락으로 배꼽을 중심으로
시계방향으로 문질러 주기

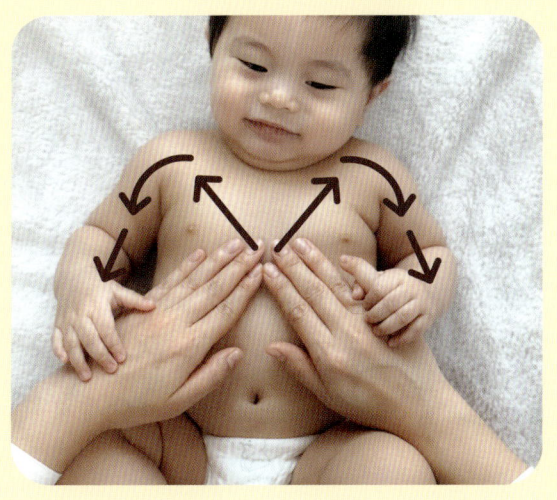

③ 가슴, 어깨, 팔 쓸어내리기
양손으로 가슴→어깨→팔 방향으로
부드럽게 평영하듯 쓸어주기

 **엄마 품 안의 비밀**

오늘의 10분 스킨십

아이와 함께

🧠 **머리가 좋아지는 스킨십**
이해력, 분별력, 사고력을 높여줘요.

💗 **사랑이 전해지는 스킨십**
자존감을 높여줘요.

부부가 함께

❤️ **이마나 볼에 짧은 뽀뽀하기**
말없이 애정을 전달해도 연결감이 생깁니다.

두 번째 우뇌, '치유의 방'

영유아는 절대음감을 지닌 채 태어납니다. 이 시기에 듣는 음악은 단순한 소리가 아니라 깊은 치유의 힘을 갖고 있습니다. '자연의 소리', '클래식 음악'은 아이의 음악 뇌를 자극하고, 정서에 잔잔한 울림을 줍니다. 아이와 함께 음악을 들으며 스킨십으로 교감할 때, 마음은 자연스럽게 안정되고, 사랑과 편안함은 그대로 몸에 새겨집니다. 그 감각은 두뇌 깊숙한 곳, '편도체'에 저장된 무의식 속 상처까지도 회복시킵니다.

10주 마음돌봄/스킨십

 부모 마음 챙기기
[지금-여기] 현재 감정 찾기 | 잠시 머무르기 | Self Talk | 손목 발목 스트레칭

 감정표현이 풍부해지는 스킨십 놀이
안아주어야 들리는 마음

 엄마 품 안의 비밀
세 번째 우뇌, '감정의 방'

♪ **자연의 소리**
차이코프스키
- 바이올린 협주곡 라장조 2악장

놀이를 시작하기 전, QR 코드를 스캔하고 음악을 재생하여 마음을 치유해요.

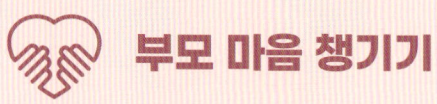 **부모 마음 챙기기**

`지금-여기`

① 현재 감정 찾기

홀가분한, 설레는, 여유로운, 자랑스러운, 기대하는,
혼란스러운, 부끄러운, 황당한, 막막한, 외로운

- 10개의 감정 중 지금 느껴지는 감정을 찾아보세요.

② 잠시 머무르기

내가 느낀 감정 중 하나의 감정을 가슴 속에 가만히 받아들여 그 감정에 깊이 들어갑니다. 그 감정으로 기뻐했던 순간! 불안했던 순간! 안에 눈을 감고 가만히 머물러 봅니다.

③

- 양손을 비벼 따뜻하게 만들고 양팔로 자신을 안아줍니다.
- 나에게 따뜻한 어조로 말해 줍니다.
- '조금 쉬어가도 괜찮아!', '지금도 잘하고 있어! 실수해도 괜찮아!'

지금도 잘하고 있어!
실수해도 괜찮아!

손목 발목 스트레칭

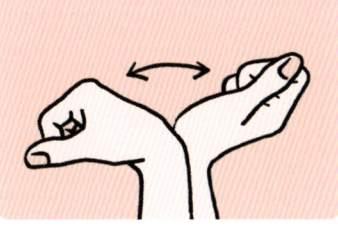

양 손목을 앞뒤로 10번 까딱까딱 움직입니다.

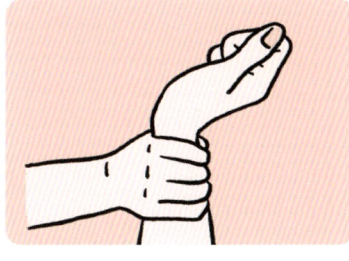

한쪽 손목씩 부드럽게 쥐고
10초 동안 유지합니다.

양 손목을 부드럽게 10번 돌립니다.

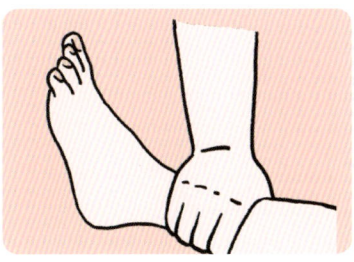

한쪽 발목씩 부드럽게 쥐고
10초 동안 유지합니다.

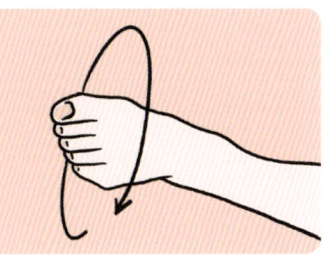

양 발목을 부드럽게 10번 돌립니다.

감정표현이 풍부해지는 스킨십 놀이

안아주어야 들리는 마음

따뜻한 포옹은 아이의 자율신경계를 안정시켜 줍니다.
분노가 가라앉고, 감정을 스스로 조절할 힘이 생깁니다.
슬픔과 고통도 감당할 수 있게 되며 타인의 말에 귀 기울일 수 있습니다.
안아주지 않으면 아이는 어른의 말이 잘 들리지 않습니다.
아이의 마음을 열기 위해선 먼저 품으로 안아야 합니다.

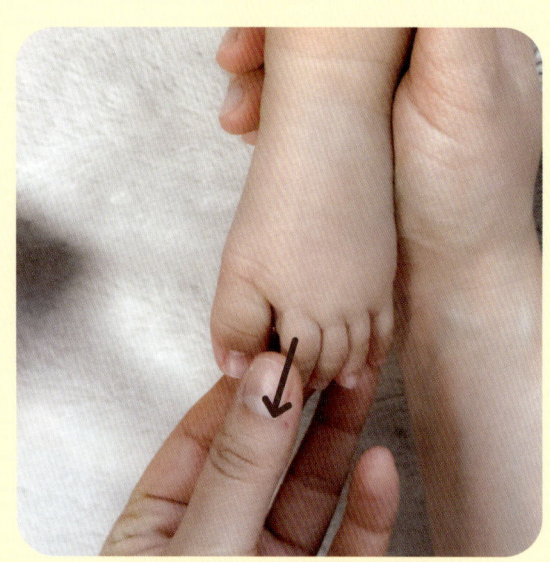

① 두 번째 발가락 당기기
두 번째 발가락 지문을 지그시 누르고 부드럽게 빼주기

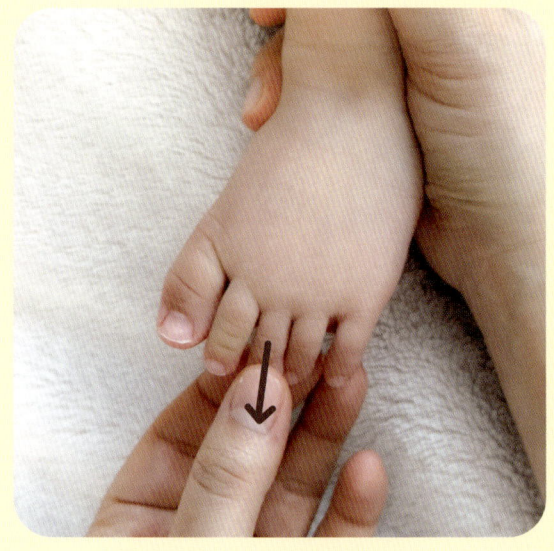

② 세 번째 발가락 당기기
세 번째 발가락 지문을 지그시 누르고 부드럽게 빼주기

③ 사랑의 언어와 눈 맞춤
(1) 양손으로 얼굴을 감싸고, 아이와 눈 맞춤하기
(2) '사랑의 언어'를 들려주며 얼굴 쓰다듬기

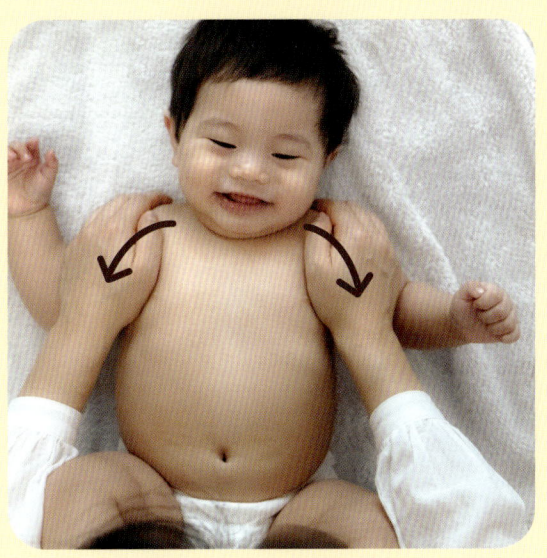

④ 팔 쓸어내리기
어깨→손목 방향으로 부드럽게 쓸어내리기

⑤ 양팔 움직이기
양손을 잡고 팔을 위아래로 부드럽게 움직이며
'사랑의 언어' 들려주기

 **엄마 품 안의 비밀**

세 번째 우뇌, '감정의 방'

감정의 방이란?	아이가 보고, 듣고, 느낀 경험이 감정으로 저장되는 공간이에요.
명화를 감상하면?	내면에 머물던 감정을 자연스럽게 표현할 수 있어요.
무엇을 키울까?	감동과 아름다움을 느끼는 힘이 함께 길러집니다.
활동 방법	육하원칙과 오감을 활용한 질문을 나누며 명화를 감상해요.
부모 역할	부모가 자신의 감정을 이해하고 표현하면, 아이 마음을 더 잘 공감할 수 있어요.

오늘의 10분 스킨십

아이와 함께

💗 **사랑이 전해지는 스킨십**
   자존감을 높여줘요.

😌 **감정표현이 풍부해지는 스킨십**
   스스로 감정을 조절하고, 타인의 말을 경청해요.

부부가 함께

💗 **소파에서 무릎베개하면서 대화하기**
   "오늘은 어땠어?", "나 오늘 좀 힘들었는데 네가 있어서 견뎠어."

10주 프로그램 | 95

11주 마음돌봄/스킨십

부모 마음 챙기기
[세계명화] 소로야 '어머니'

**사회성이 좋아지는 스킨십 놀이 &
창의력과 예술 감각이 좋아지는 스킨십 놀이**
대인관계를 키우는 도파민과 옥시토신의 힘
오감 전체를 부드럽게 깨우기

엄마 품 안의 비밀
차분히 안아주기의 힘

자연의 소리
바흐 - G선상의 아리아

놀이를 시작하기 전, QR 코드를 스캔하고
음악을 재생하여 마음을 치유해요.

부모 마음 챙기기

세계명화 소로야 '어머니'

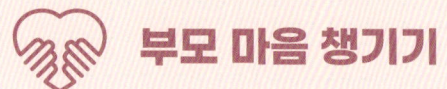

부모님의 사랑을 충분히 받지 못하고 고아로 자라난 화가 '소로야'의 그림입니다.
그는 사랑하는 아내와 아이들을 모델로 하여 많은 그림을 그렸습니다.
그림 속 아내와 새근새근 자는 아이의 모습은 밝고 따뜻한 편안함이 느껴집니다.

- 이곳에서는 어떤 냄새가 날까요?

- 이불의 감촉은 어떨까요?

- 자고 있는 아기를 보는 엄마는 어떤 마음이 들까요?

- 명화의 제목을 자유롭게 지어 보세요.

 ## 사회성이 좋아지는 스킨십 놀이

대인관계를 키우는 도파민과 옥시토신의 힘

도파민은 아이 뇌에 '재밌겠다!'를 켜고, 옥시토신은 '괜찮아, 안심해도 돼'라는 신호를 보냅니다. 도파민은 배우고 싶은 마음과 집중하는 힘을, 옥시토신은 불안을 가라앉히고 따뜻한 관계를 맺는 힘을 키워줍니다. 이 두 호르몬은 아이가 건강하게 배우고, 사람들과 즐겁게 어울리며 자랄 수 있도록 만들어 줍니다.

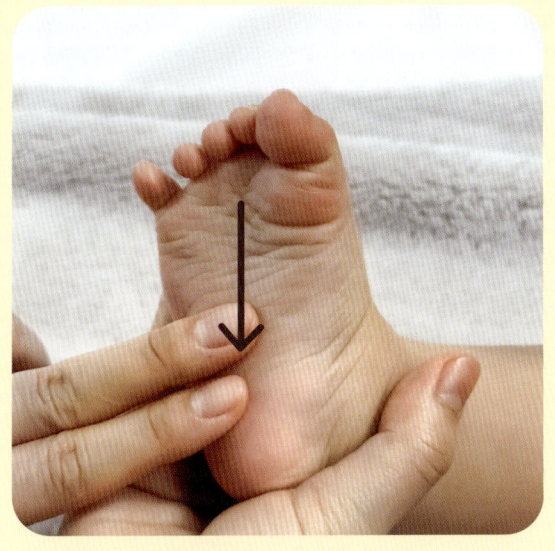

① 발바닥 쓸어내리기
발바닥 중앙을 위→아래 방향으로 쓸어내리기

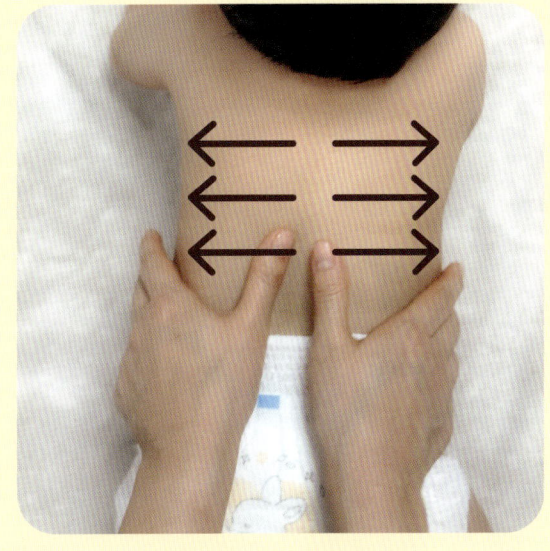

② 허리 펴기
양손으로 허리를 감싸 바깥쪽으로 부드럽게 쓸어주기

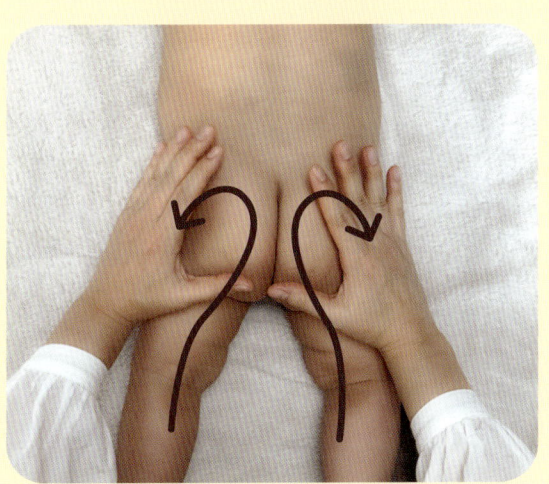

③ 다리 쓸어 올렸다 내리기
발목→엉덩이 방향으로 쓸어 올리고,
바깥쪽으로 쓸어내리기

창의력과 예술 감각이 좋아지는 스킨십 놀이

오감 전체를 부드럽게 깨우기

오감이 부드럽게 깨어나며 마음은 더 풍부해지고, 작은 것에도 감동하고 느낄 줄 아는 감성이 자라납니다. 새로운 환경에서도 마음이 편안해지고, 숨결은 한층 깊어지며 피부에는 자연스러운 생기가 찾아옵니다.

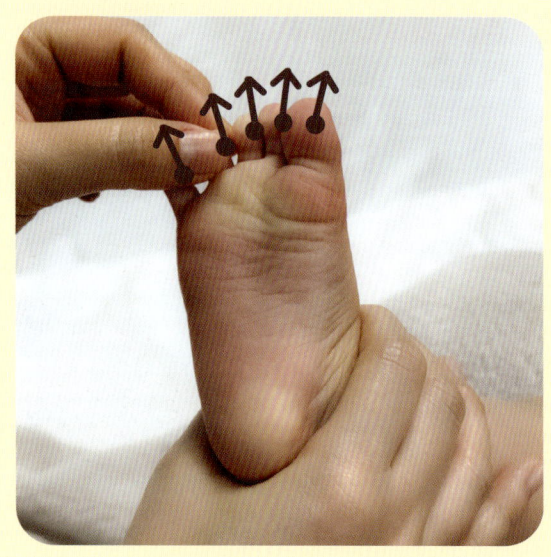

① 발가락 지문 문지르기
발가락 지문을 동글동글 문지르고 잡아당기기

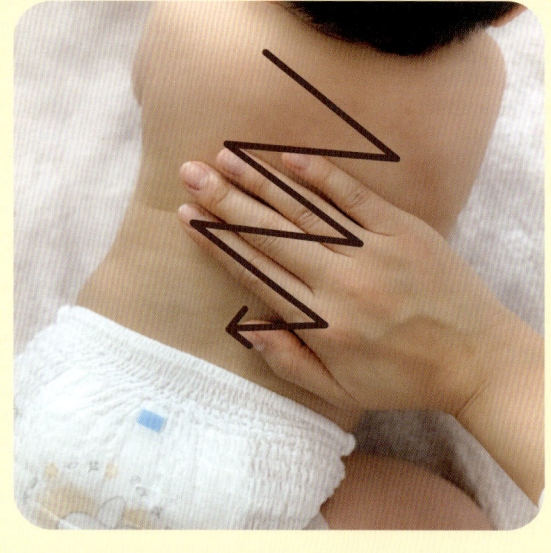

② 등 지그재그 쓸어내리기
척추를 따라 위→아래 방향으로 지그재그 쓸어내리기

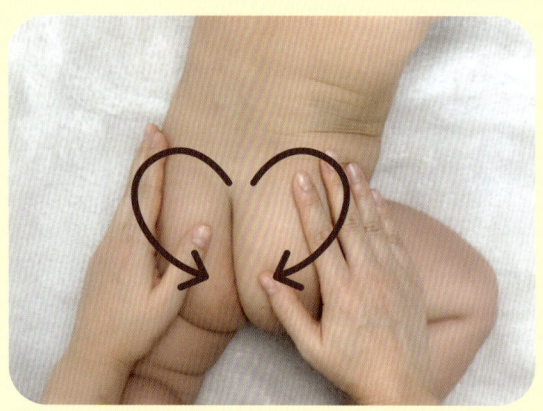

③ 엉덩이 문지르기
하트 모양을 그리듯 엉덩이 둥근 선을
따라 부드럽게 문지르기

엄마 품 안의 비밀

오늘의 10분 스킨십

아이와 함께

- **사회성이 좋아지는 스킨십**
  건강한 도파민 수치를 높여줘요.

- **창의력과 예술 감각이 좋아지는 스킨십**
  오감을 자극해줘요.

- **하루 한 번 30초 차분히 안아주기**
  마음의 안정과 연결감을 만들어줘요.

부부가 함께

- **사랑의 말 전달하기**
  "지금 우리 둘 다 한계인데, 그래도 잘 견뎌줘서 고마워."
  "지금은 말 안 해도 괜찮아. 그냥 함께 있어 줘."
  눈을 마주 보며 "우리 잘하고 있어."
  "당신이 내 옆에 있어 주니 좀 괜찮아졌어."
  말이 다정하지 않아도 괜찮아요. '존중'과 '사랑'를 담으면 충분합니다.

차분히 안아주기의 힘

차분히 안아주기란!
약 30초 동안 아이를 부드럽게 안아주거나 손끝으로 살짝 등을 두드려 주는 거예요.
이 순간, 부모님의 따뜻한 온기가 아이에게 전해지면서 아이는 마음 깊이 평안함과
안정감을 느끼게 된답니다.

포옹의 기적

- 세상을 긍정적으로 바라보는 힘이 생긴다.
- 슬픔과 힘든 일을 이겨낼 수 있다.
- 상황을 판단하는 능력과 학습능력이 향상된다.

아이에게 줄 수 있는 가장 쉽고 소중한 선물, 바로 차분한 안아주기입니다.

12주 마음돌봄/스킨십

부모 마음 챙기기
[마음 조절] 현재 감정 찾기
| 나에게 필요한 것 찾기 | 4-7-8 호흡

튼튼한 몸과 마음을 키워 주는 스킨십 놀이
외로움과 열등감 천천히 놓아주기

엄마 품 안의 비밀
엄마의 기도

♪
자연의 소리
차이코프스키 - 사계 중 1월 화롯가에서

놀이를 시작하기 전, QR 코드를 스캔하고
음악을 재생하여 마음을 치유해요.

부모 마음 챙기기

마음 조절

1. 현재 감정 찾기

재미있는, 자신 있는, 신나는, 행복한, 안심한,
괴로운, 서러운, 속상한, 실망스러운, 후회스러운

- 10개의 감정 중 지금 느껴지는 감정을 찾아보세요.

2. 나에게 필요한 것 찾기

- 눈을 감고 몸에 주의를 기울입니다.
- 눈, 코, 귀, 입, 팔, 다리, 손등 신체 하나하나에 스포트라이트 조명을 비추듯 하여 신체 부위 하나하나를 위로해 줍니다.
- 예를 들어 '두 눈아, 많은 것들을 본다고 애썼어!' 등 신체 부위를 하나하나 돌아가면서 수고했다 말해 줍니다.

3. 4-7-8 호흡

- 4초 동안 코로 숨을 들이마시며 웃듯이 입술 끝과 광대를 위로 올립니다.
- 7초 동안 숨을 멈춘 상태로 가만히 있습니다.
- 8초 동안 입으로 숨을 내쉬며 얼굴을 편안하게 합니다.
- 5~10회 반복합니다.

 ## 튼튼한 몸과 마음을 키워 주는 스킨십 놀이

외로움과 열등감 천천히 놓아주기

영유아 시기에 느끼는 스킨십은 아이의 몸과 마음에게 주는 최고의 영양제입니다. 따뜻한 손길이 부족하면 아이는 외로움을 느끼고, '내가 뭔가 부족한가?'라며 스스로를 부족한 존재로 여길 수 있습니다.
반대로 스킨십을 자주 경험한 아이는 새로운 환경, 사람과의 만남에서 긴장감을 편안하게 조절할 수 있게 됩니다.

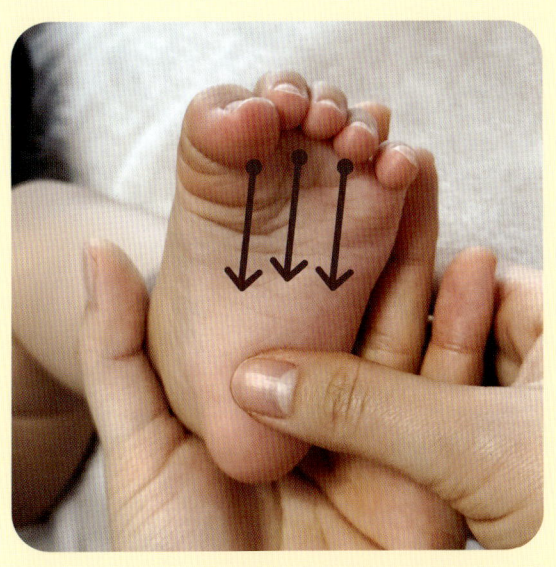

① 발바닥 윗부분 쓸어내리기
발가락 바로 아래부터 발바닥 중심까지
5회 이상 쓸어내리기

② 발등 발가락뼈 사이 쓸어 올리기
발등 위 발가락뼈 사이 사이를
발가락→발목 방향으로 쓸어 올리기

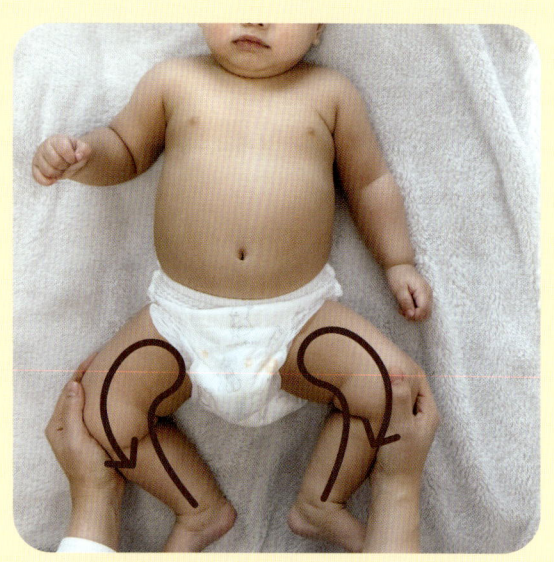

③ 다리 쓸어 올렸다 내리기
발목→엉덩이 방향으로 쓸어 올리고,
바깥쪽으로 쓸어내리기

④ 등 원 그리기
허리 중심에서 시계방향으로 원을 그리듯이 돌려 주기

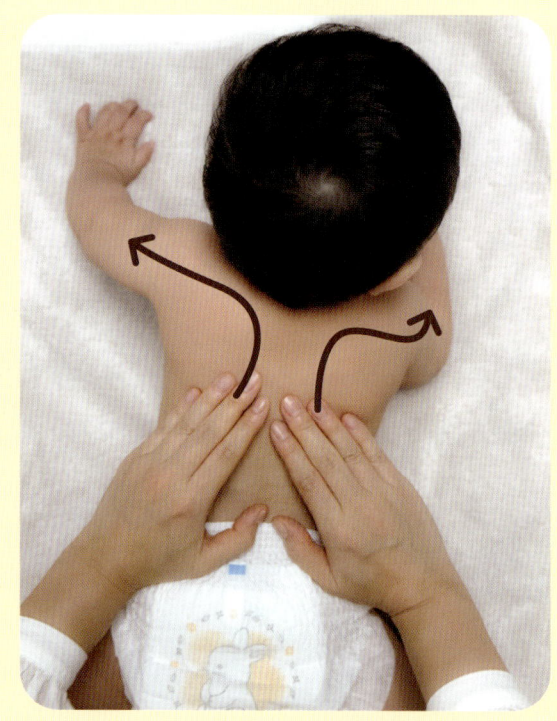

⑤ 등 상부 문지르기
등→어깨→팔꿈치 방향으로 부드럽게 문지르기

 ## 엄마 품 안의 비밀

오늘의 10분 스킨십

아이와 함께

😊 **튼튼한 몸과 마음을 키워주는 스킨십**
정서적으로 안정감을 느껴요.

🌙 **엄마의 기도 들려주기**
아이 마음에 따뜻한 평화를 전해줘요.

부부가 함께

❤️ **손잡고 누워 있기**
아이를 재운 뒤, 불 끄고 말없이 손만 잡고 누워 있어 보세요.
하고 싶은 말이 있으면 한 문장씩만, 강요 없이 조용히 나눠요.
짜증 낸 게 미안할 땐 "내가 너무 날카로웠지? 나도 감정을 잘 못 다뤘어. 미안해"
상대가 지쳐 보일 땐 "지금은 그냥 널 안아주고 싶어."
간단한 위로의 말 한마디가 몸과 마음의 피로를 해소해 줍니다.

엄마의 기도

사랑하는 OO아, 너를 진심으로 사랑하고 축복한단다.
네가 세상에 태어난 날, 엄마는 네 작은 몸을 품에 안고
네 이름을 부르며 행복과 두려움이 뒤섞인 기도를 올렸지.

그때부터 지금까지, 엄마 마음은 언제나 너로 가득해.
첫 울음소리에 엄마 가슴이 벅찼고,
네가 "엄마"라고 부를 때는 세상 모든 소리가 멈춘 듯했어.
작은 손으로 엄마를 꼭 잡아주던 순간, 엄마는 세상을
다 가진 기분이었단다.

하지만 때로는 바쁘고 지쳐서
그 시간을 충분히 누리지 못한 것이 미안하구나.
네가 울 때 충분히 안아주지 못하고,
네가 서툴게 도와주려 할 때 성급하게 반응했던
순간들도 있었지.

하지만 엄마는 너의 모든 시도를 축복해.
네가 세상 속에서 성장하며 마주한 기쁨과 슬픔,
그 모든 감정을 소중히 여긴단다.
너는 사랑받을 존재이고 존귀하고, 소중한 아이야.
네가 어디에 있든, 어떤 길을 걷든,
엄마는 언제나 너를 사랑하고 축복할 거야.

유아 스킨십

신체 발달
· 웃는 얼굴을 만들어요.
· 달리기를 잘해요.
· 아침에 잘 일어나요.
· 오감을 자극해요.
· 밥을 잘 먹고 몸이 튼튼해져요.
· 성장통을 겪을 때 만져 주면
  편안해져요.

정서 발달
· 자신감과 자존감을 높여요.
· 우울감과 슬픈 감정을 조절해요.
· 참을성과 인내력이 좋아져요.
· 마음에 안정감과 편안함을 줘요.
  (스트레스 감소)
· 불안감을 낮추고 자신감을 높여요.
· 예민하고 짜증을 자주 내는
  아이를 도와줘요.
· 불안한 마음을 조절해요.
· 스트레스 호르몬을 밖으로 배출시켜
  폭력성을 줄여 줘요.

인지 발달
· 이해력이 좋아져요.
· 집중력을 높여요.
· 창의력과 면역력을 높여요
· 기억력을 높여요.
· 공간지각력을 높여요.
· 뇌의 혈액순환을 도와주어
  뇌가 건강해져요.
· 어휘력이 좋아져요.
· 추리력과 수리력을 높여요.

신체 발달

유아 스킨십

신체 발달 | 115

① 웃는 얼굴을 만들어요.

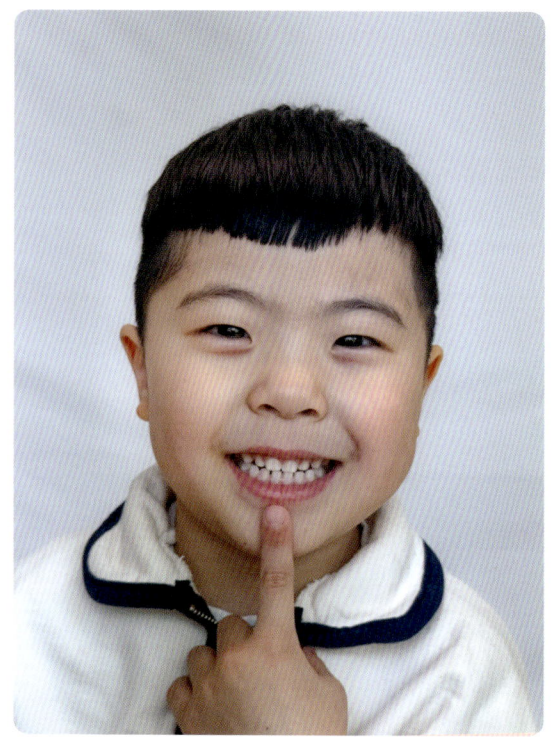

① 아랫입술 바로 아래 움푹 들어간 곳을 지그시 10번 누르기

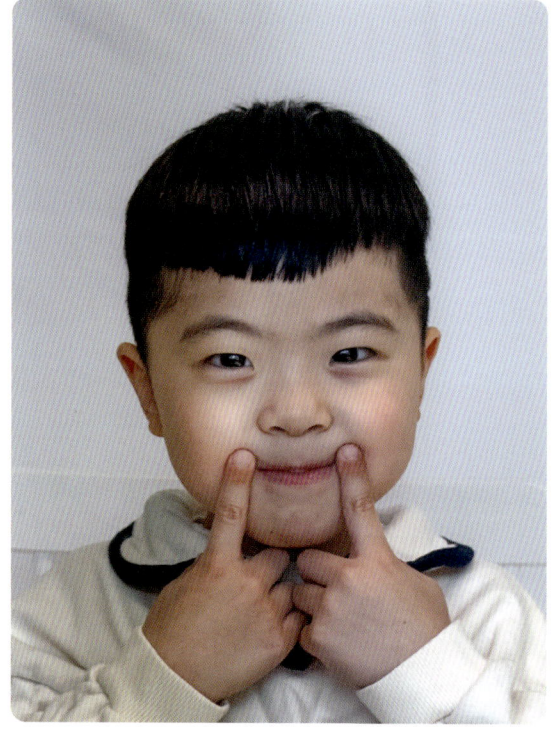

② 검지로 양옆 입꼬리를 부드럽게 밀어 올리기

오른쪽, 왼쪽 번갈아 가며 입꼬리 밀어 올리기 (10번 이상)

② 달리기를 잘해요.

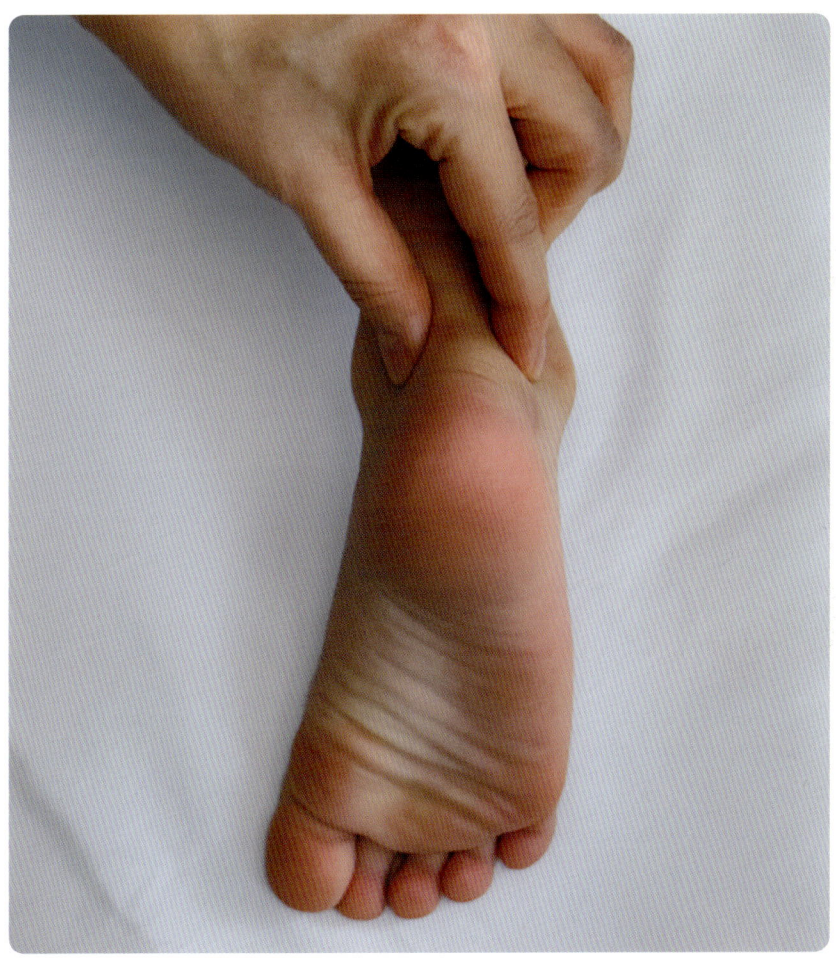

아킬레스건 양옆 쏙 들어간 부분을 지그시 누르기 (10회 이상)

③ 아침에 잘 일어나요.

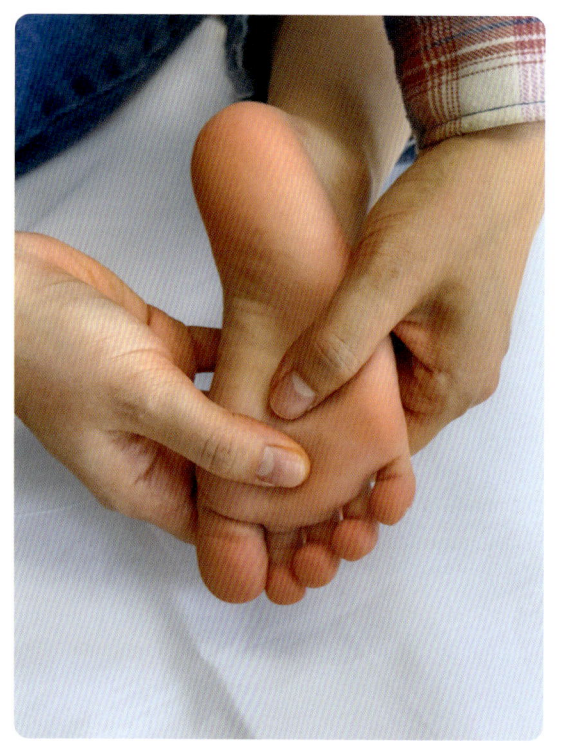
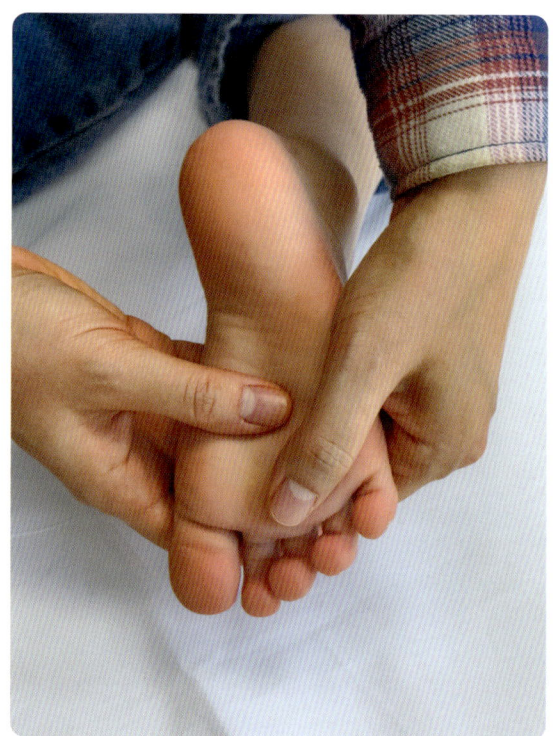

발바닥 중앙에서 발가락 아래까지 위로 쓸어 올리기 (10회 이상)

④ 오감을 자극해요.

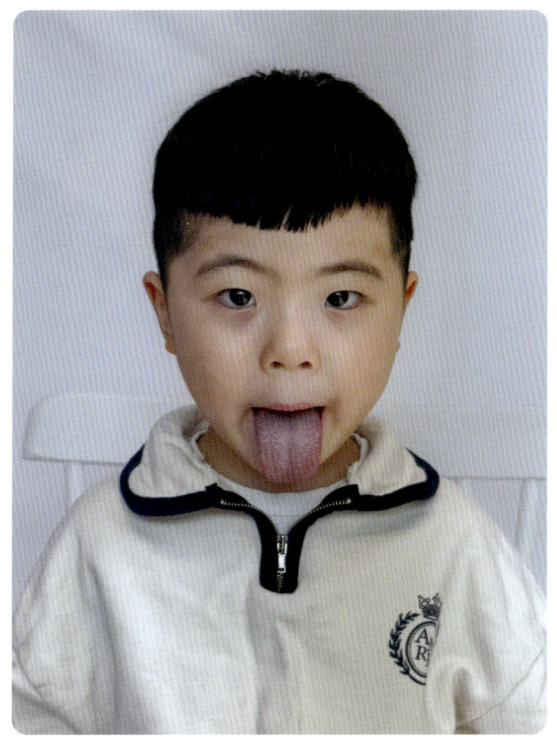
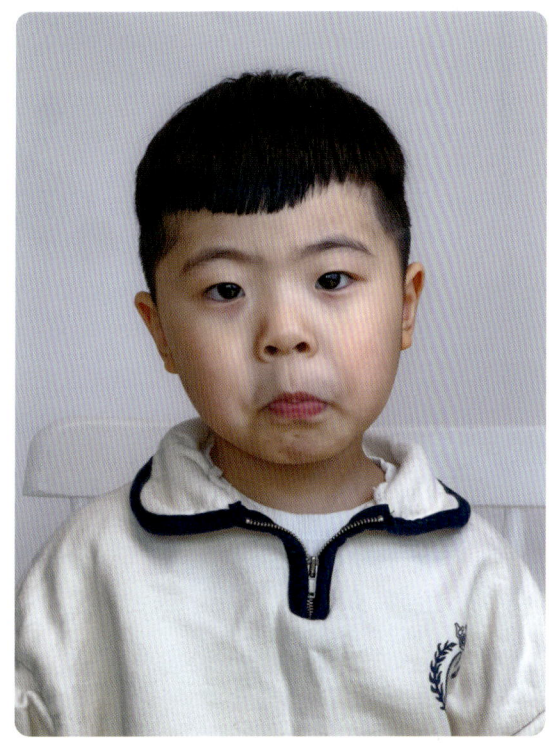

① 혀를 쭉 뺏다 집어넣으며 혀 체조 하기 (5회 이상)

② 혀로 윗니와 아랫니를 좌우로 쓸기 (30회 이상)

⑤ 밥을 잘 먹고 몸이 튼튼해져요.

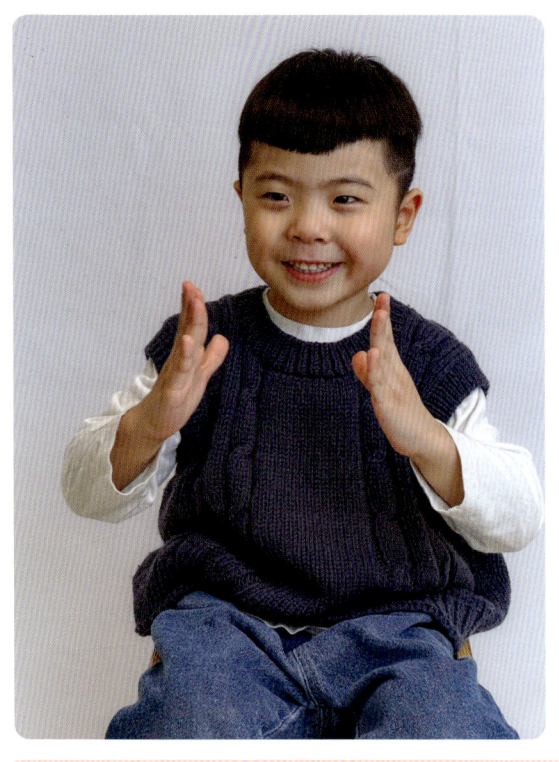
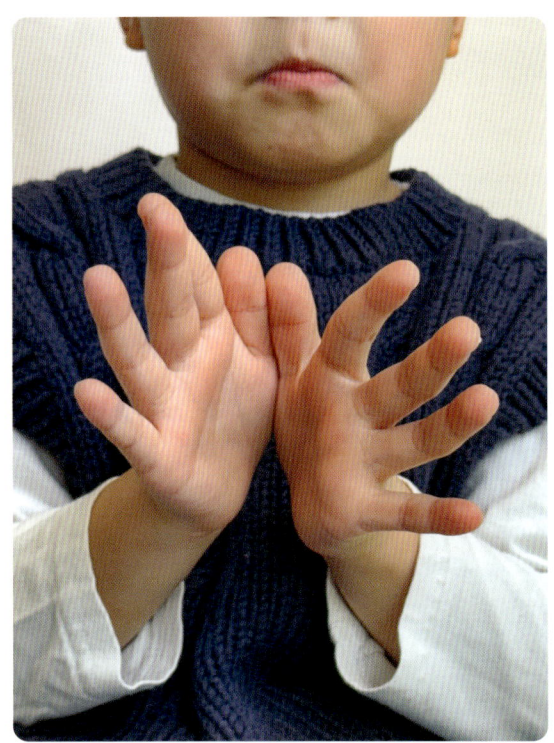

① 두 손을 마주쳐 박수 치기 (10회 이상)

② 엄지 아래 볼록한 손바닥 부분 비비기 (10회 이상)

⑥ 성장통을 겪을 때 만져 주면 편안해져요.

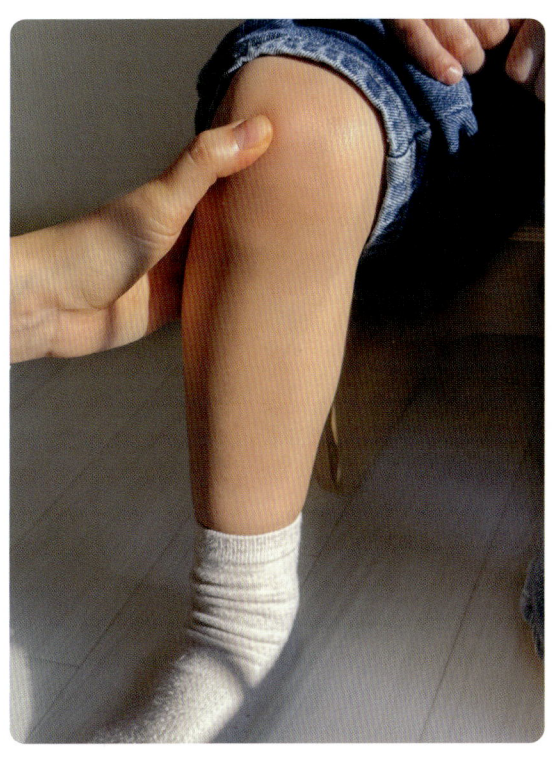

① 무릎뼈 가운데를 원을 그리듯 돌리며 지그시 누르기 (10회 이상)

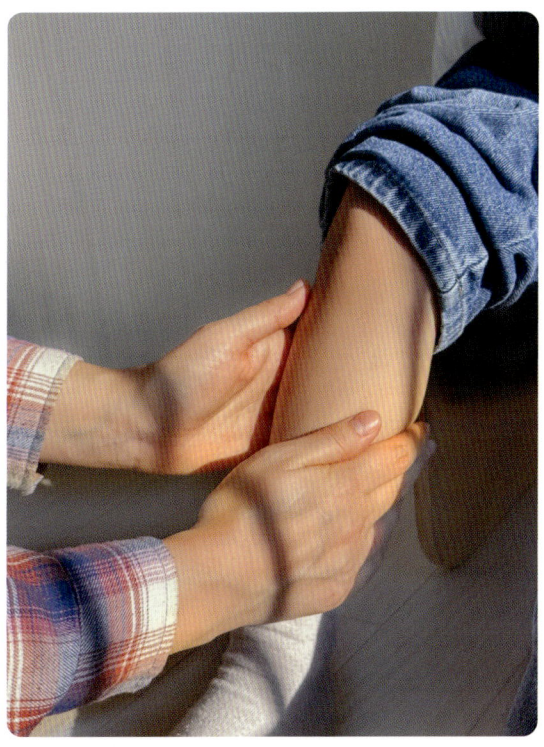

② 양손으로 종아리를 감싸고 앞뒤로 가볍게 흔들기 (10회 이상)

정서 발달

유아 스킨십

① 자신감과 자존감을 높여요.

배가 움직이도록 하하하/호호호/히히히/헤헤헤/후후후 소리 내며 쇄골 아래 통통통 쳐 주기

② 우울감과 슬픈 감정을 조절해요.

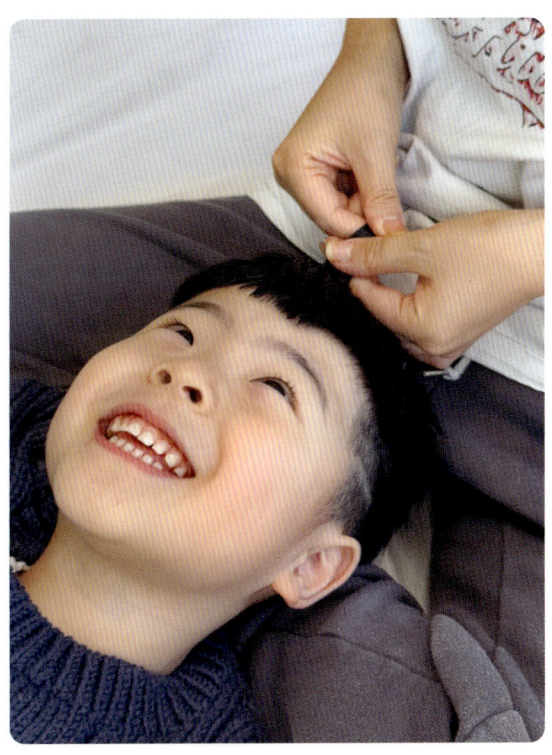 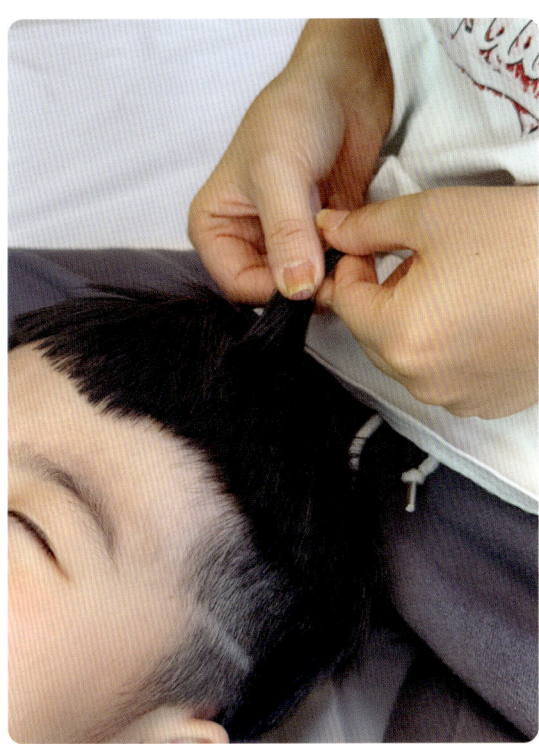

① 머리카락을 조금 잡고 양손으로 쓸어내려 주기

② 머리카락 전체를 돌아가며 해 주기

③ 참을성과 인내력이 좋아져요.

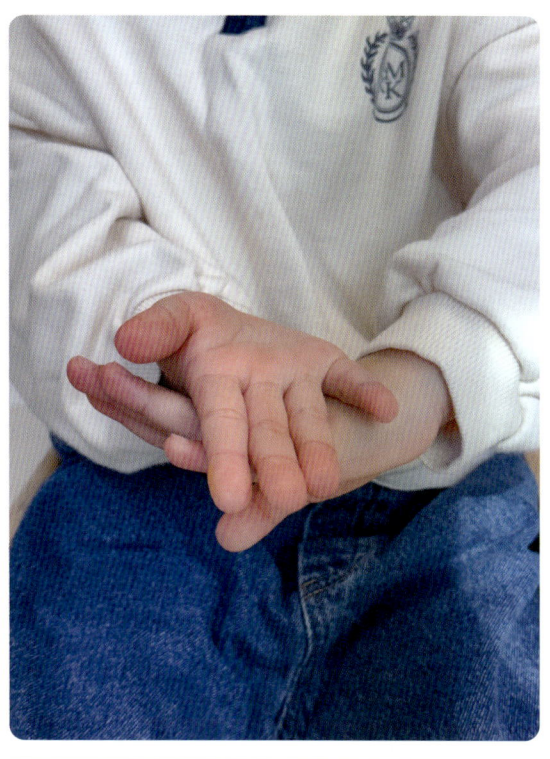

① 가슴 펴고 허리 세워서 손등 박수 치기 (10회 이상)

② 한 손을 오므려서 다른 손등 통통통 쳐 주기 (10회 이상)

④ 마음에 안정감과 편안함을 줘요.
(스트레스 감소)

볼록 배 호흡 하기 (빨대를 사용해도 좋아요)

① 배가 볼록 나오게 5초 동안 코로 숨을 들이마시기

② 배를 넣으며 5초 동안 입으로 숨을 내쉬기

⑤ 불안감을 낮추고 자신감을 높여요.

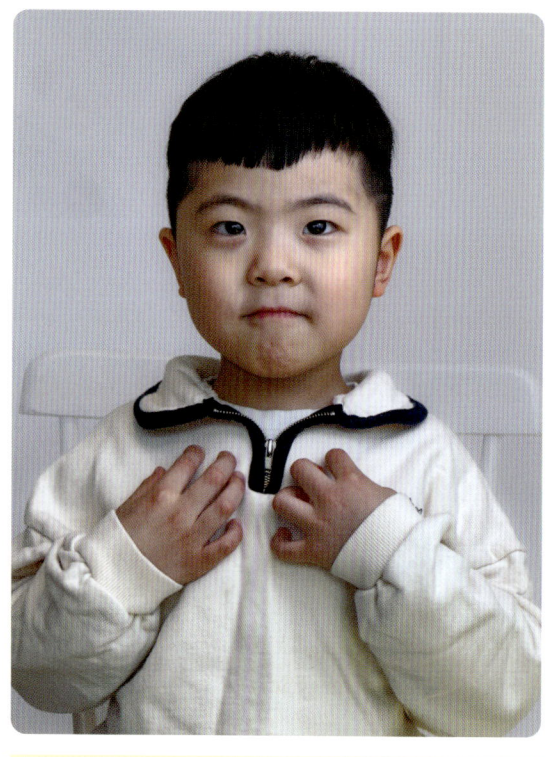

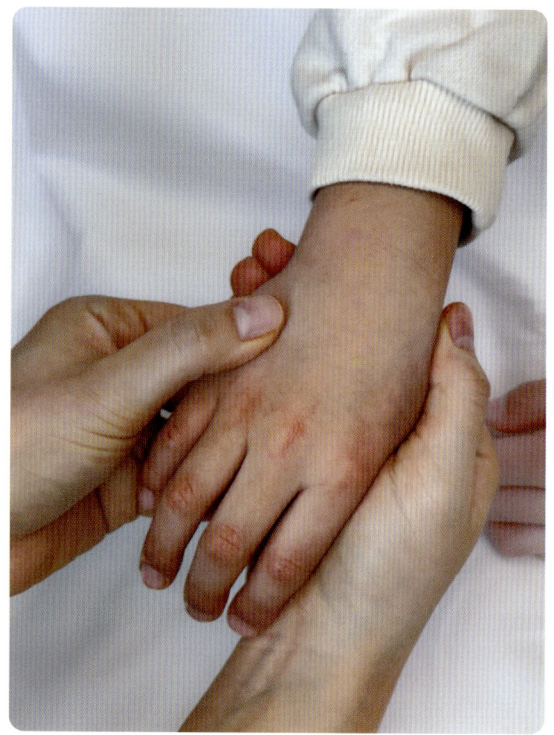

① 브레인 버튼(가슴 양쪽 쇄골 아래 부위)을 손끝으로 쳐 주기 (30회 이상)

② 손등 위 약지와 애지 사이 움푹 들어간 부분 지그시 만져 주기 (10회 이상)

⑥ 예민하고 짜증을 자주 내는 아이를 도와줘요.

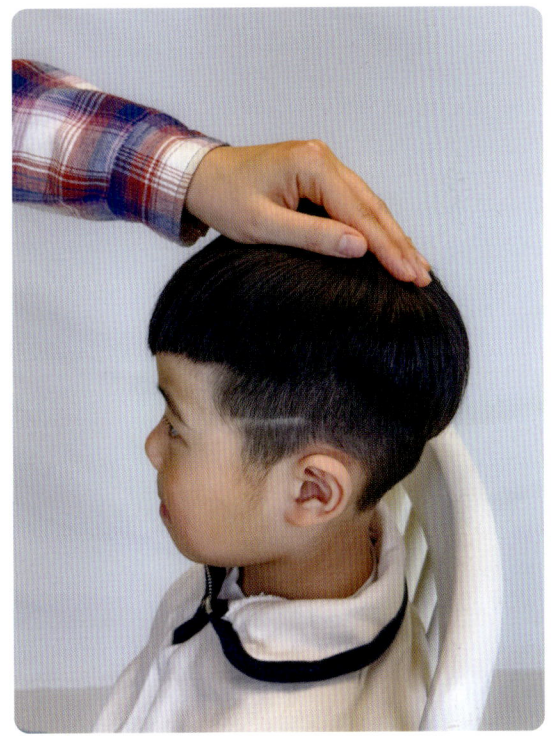

① 정수리와 이마 사이를 손끝으로 가볍게 쳐 주기 (10회 이상)

② 36개월 이하는 가만히 손을 올려 주기

⑦ 불안한 마음을 조절해요.

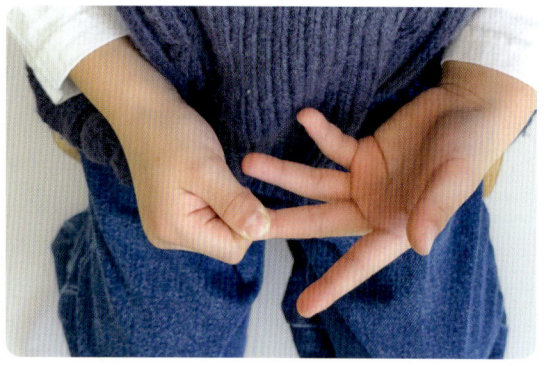

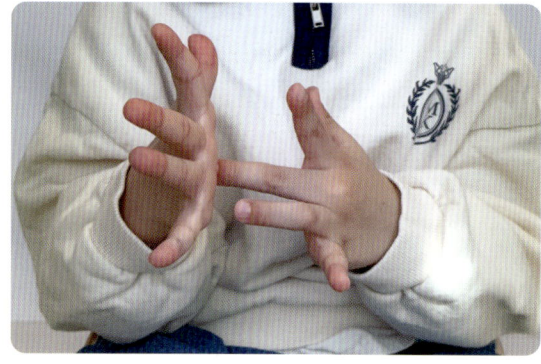

① 가운데 손가락 지문을 지그시 누르고, 양손 번갈아 가며 '곤지곤지' 놀이하기

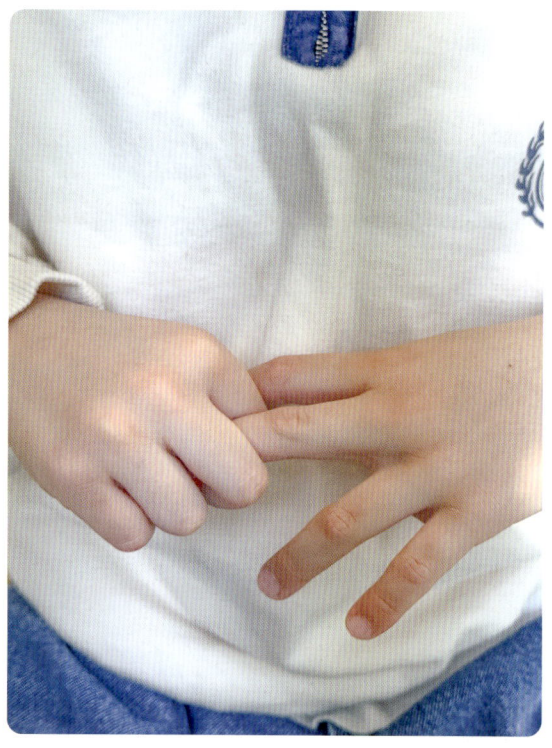

② 검지와 중지 사이에 가운데 손가락을 끼우고 손끝 방향으로 천천히 잡아 빼기

Tip. 오일 또는 로션을 바르고 스킨십을 한다.

⑧ 스트레스 호르몬을 밖으로 배출시켜 폭력성을 줄여 줘요.

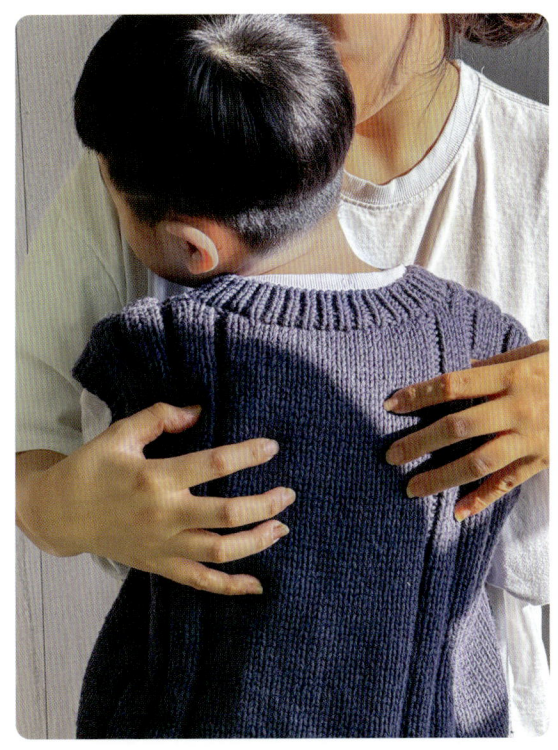

① 따뜻하게 안은 자세로 손끝으로 등을 어깨→허리 방향으로 통통 두드리기

② 양손을 비벼 손을 따뜻하게 하고, 왼쪽 옆머리를 자주 쓰다듬어 주기

인지 발달

유아 스킨십

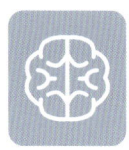

① 이해력이 좋아져요.

뒷머리를 쓰다듬거나 손끝으로 가볍게 쳐 주기

② 집중력을 높여요.

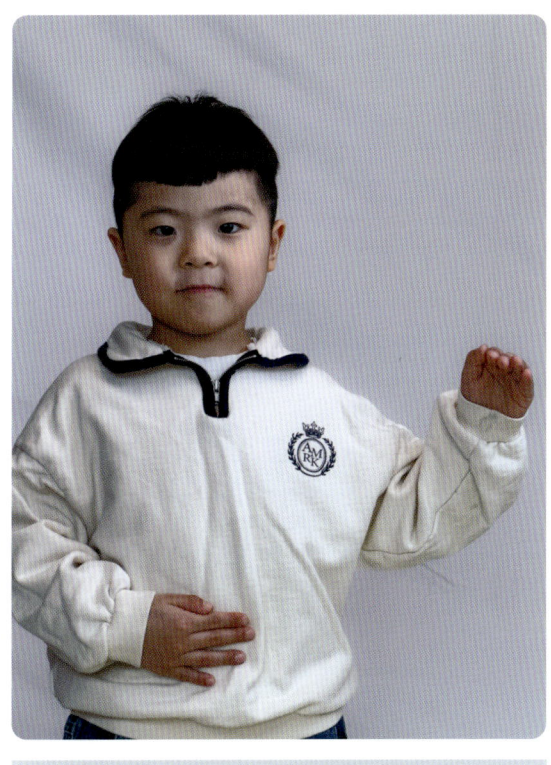

① 손을 오므려서 배꼽 아래 부분을 양손으로 번갈아 쳐 주기 (10회 이상)

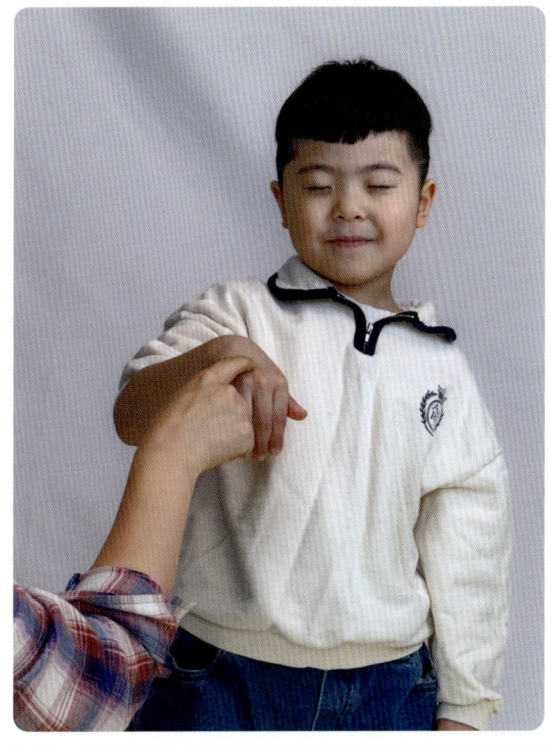

② 눈 감은 아이 손등 위를 손가락으로 톡 찍어 주기

아이는 어떤 손가락으로 찍었는지 감각을 이용해 맞혀 보기

 ## ③ 창의력과 면역력을 높여요.

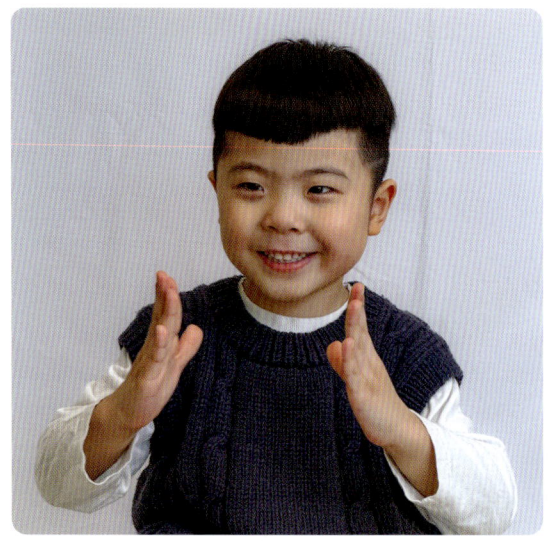

① 박수 10회 치기

② 손목 앞뒤로 10회 끄덕이기

③ 손바닥을 위아래로 10회 비비기

④ 옆머리, 뒷머리를 위→아래로 쓰다듬어 주기

④ 기억력을 높여요.

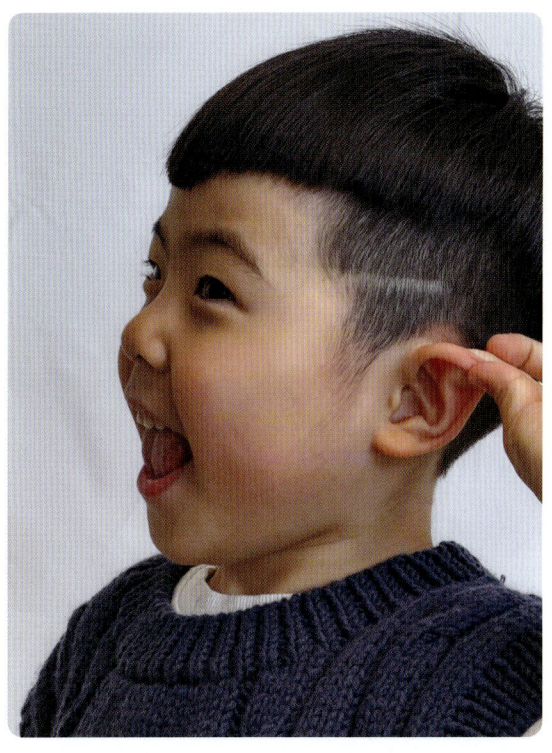

① 말린 귓바퀴 펴 주기

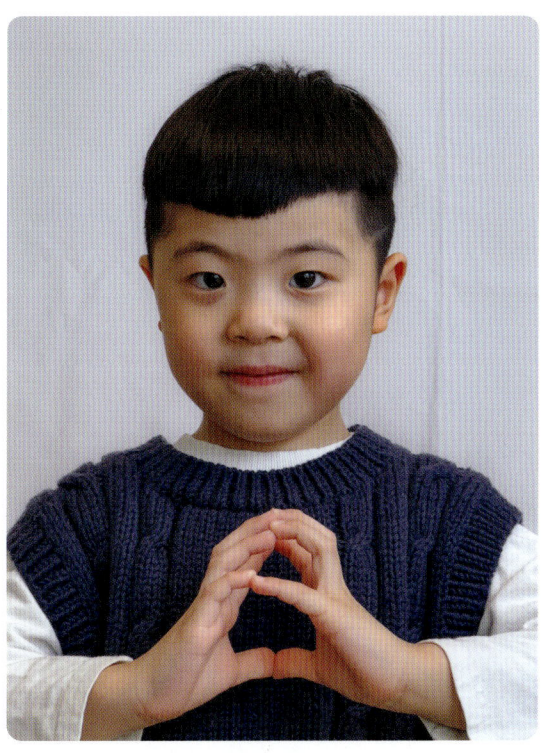

② 손끝을 맞대어 쳐 주기 (10회 이상)

⑤ 공간지각력을 높여요.

양 손끝으로 정수리 가볍게 쳐 주기 (10회 이상)

⑥ 뇌의 혈액순환을 도와주어 뇌가 건강해져요.

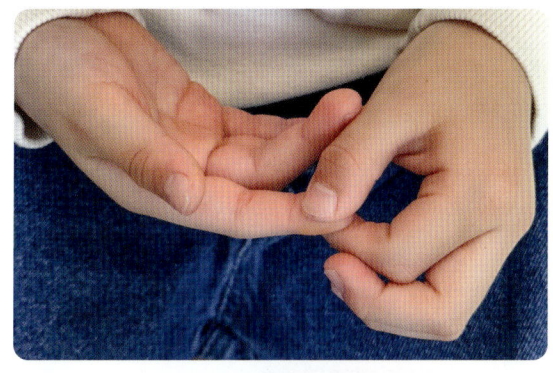

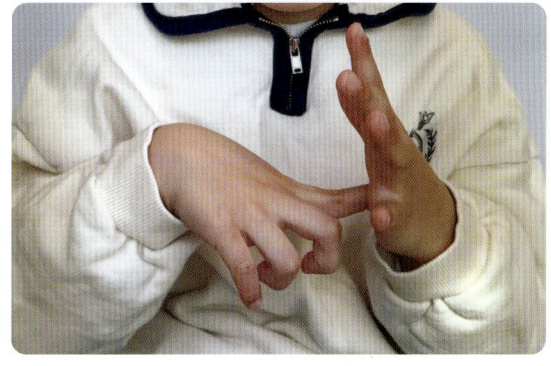

① 검지 손가락 지문을 지그시 누르고, 양손 번갈아 가며 '곤지곤지' 놀이하기

② 검지와 중지 사이에 검지 손가락을 끼우고 손끝 방향으로 천천히 잡아 빼기

Tip. 오일 또는 로션을 바르고 스킨십을 한다.

⑦ 어휘력이 좋아져요.

뒷머리 아래, 머리와 목이 만나는 움푹 들어간 지점을 손끝으로 지그시 누르기

⑧ 추리력과 수리력을 높여요.

① 어깨를 으쓱 올리고 3초 멈추었다가 아래로 내리기 (10회 이상)

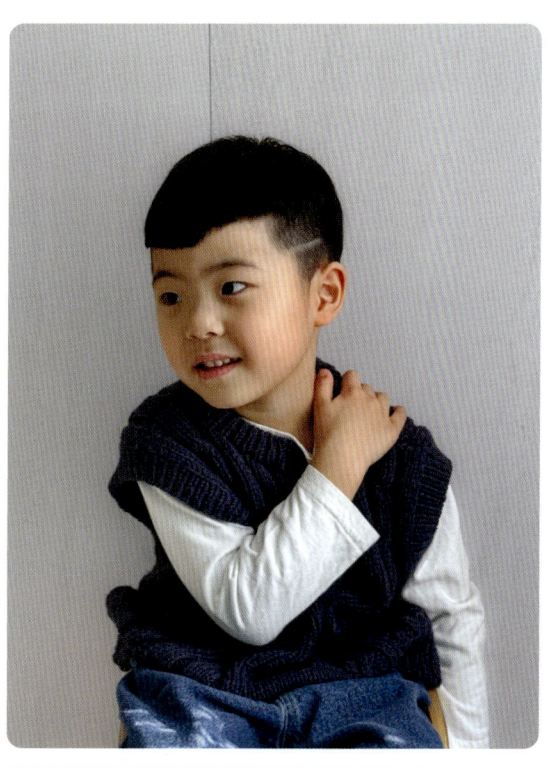

② 손으로 반대 어깨 뒤쪽을 잡았다 놓았다 하며 만져 주기 (10회 이상)

유아 스킨십

이미지 카드 놀이
좌우뇌를 통합해서 문제해결력을 높여요.

대뇌, 소뇌 훈련 놀이
인지기능과 신체기능을 높여요.

이미지 카드 놀이
좌우뇌를 통합해서 문제해결력을 높여요.

한쪽 눈을 가리고 3초 동안 빠르게 이미지카드 또는 단어카드 보여주기

이미지 카드 놀이
좌우뇌를 통합해서 문제해결력을 높여요.

본 것을 기억하여 맞혀 보기
(양쪽 눈 번갈아 하기)

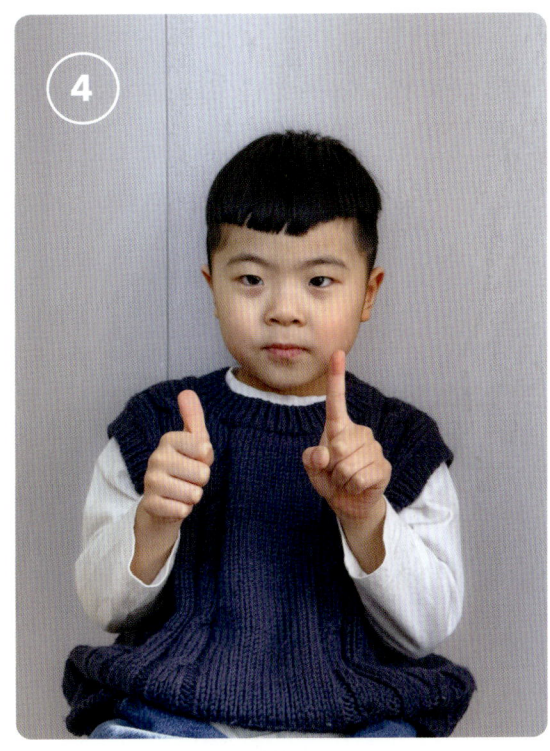

오른손은 엄지, 왼손은 검지를 펴고 똑딱! 하며
손가락을 바꾸어 펴기

대뇌, 소뇌 훈련 놀이
인지기능과 신체기능을 높여요.

점프해서 양발 벌리기 (10회 이상)

대뇌, 소뇌 훈련 놀이
인지기능과 신체기능을 높여요.

한쪽 다리로 균형을 잡으며 오래 서 있기 (양쪽 다리 번갈아 하기)

유아 스킨십

 **노래와 함께하는 스킨십 놀이!**
간다간다
유치원/어린이집에 갑니다
올챙이와 개구리
작은 별
거미가 줄을 타고 올라갑니다

간다 간다

1절

간 다 간 다 간 다 간 다   골 목 길 로   간 다 간 다 간 다 간 다   넓 은 길 로

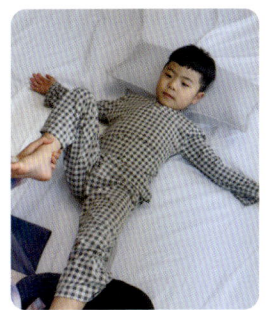  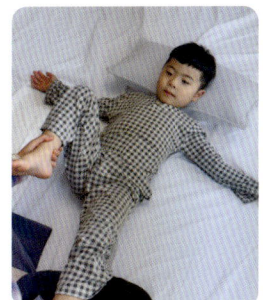 

한 다리씩 접었다 펴기

간 다 간 다 간 다 간 다   뛰 뛰 빵 빵   랄 라 랄 라   자 동 차

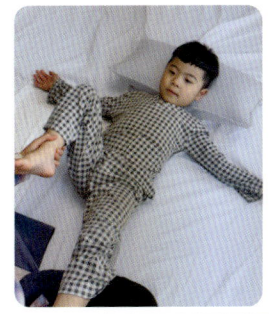 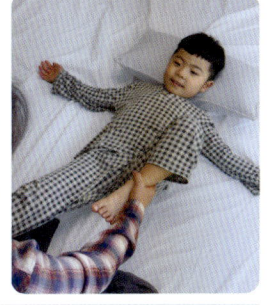 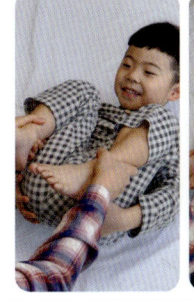 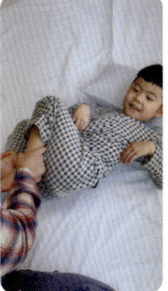 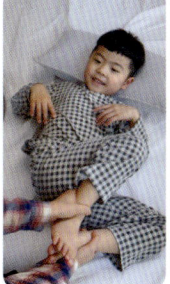

빠르게 반복한다.   양쪽 다리를 가슴까지 접고 좌우로 흔든다.

2절

간 다 간 다 간 다 간 다 지 붕 위 로 간 다 간 다 간 다 간 다 구 름 위 로

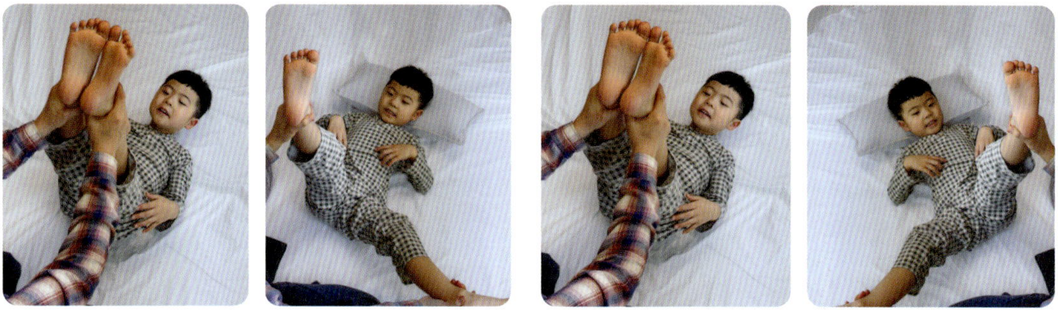

한 다리씩 옆으로 벌리기

간 다 간 다 간 다 간 다 하 늘 높 이 랄 라 랄 라 비 행 기

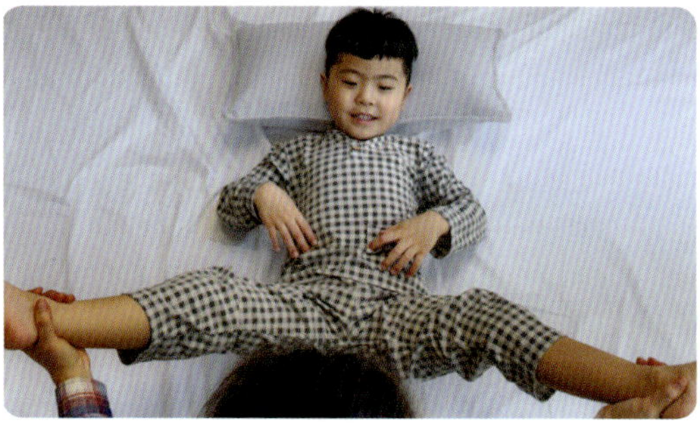

양다리 옆으로 천천히 벌리기 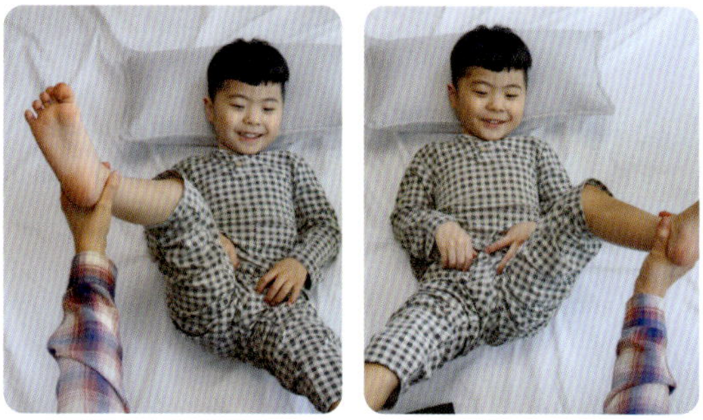   양다리 벌려서 좌우로 움직이기

3절

간 다 간 다 간 다 간 다   산 을 넘 어   간 다 간 다 간 다 간 다   강 을 건 너

한 다리씩 가부좌 자세로 접었다 펴기

간 다 간 다 간 다 간 다   굴 을 지 나   랄 라 랄 라   기 - 차

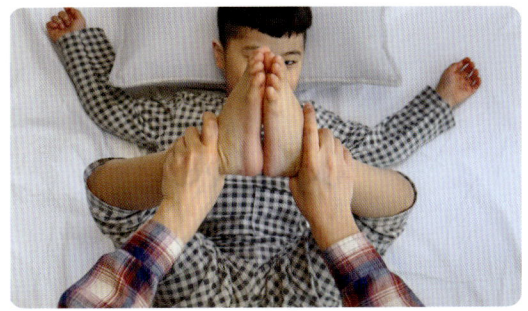

빠르게 반복하다가 양발을 맞대고
굴 모양 만들기

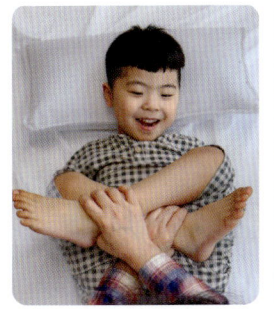

양 다리를 가부좌 자세로 접었다가
아래로 쭉 펴서 스트레칭하기

유치원/어린이집에 갑니다

1절

쨍 쨍 쨍 쨍 쨍 쨍 쨍 쨍 쨍

손끝을 모아 바깥쪽에서 안쪽으로 소용돌이 모양으로 반복해 그리기

해 가 떴 어 요   어 디 가 세 요   나 는 유치원에／어린이집에   갑 니 다

 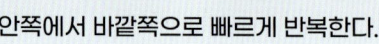 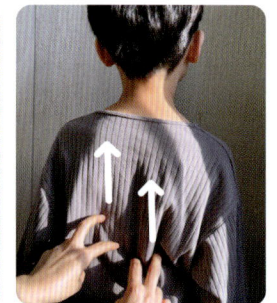 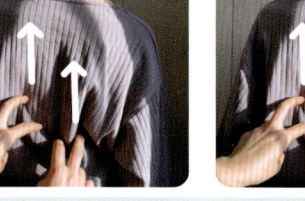 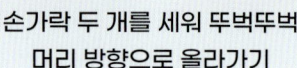

안쪽에서 바깥쪽으로 빠르게 반복한다.   손가락 두 개를 세워 뚜벅뚜벅 머리 방향으로 올라가기

2절

쭉 쭉 쭉 쭉 쭉 쭉 쭉 쭉 쭉

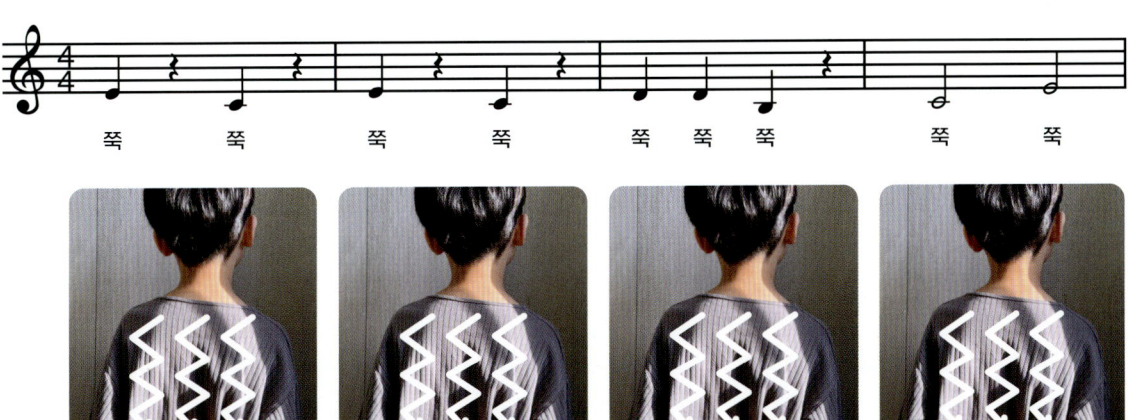

손끝으로 지그재그 모양으로 쓸어내리기

비 가 오 는 데   어 디 가 세 요   나 는 유치원 에   갑 니 다
                                    어린이집

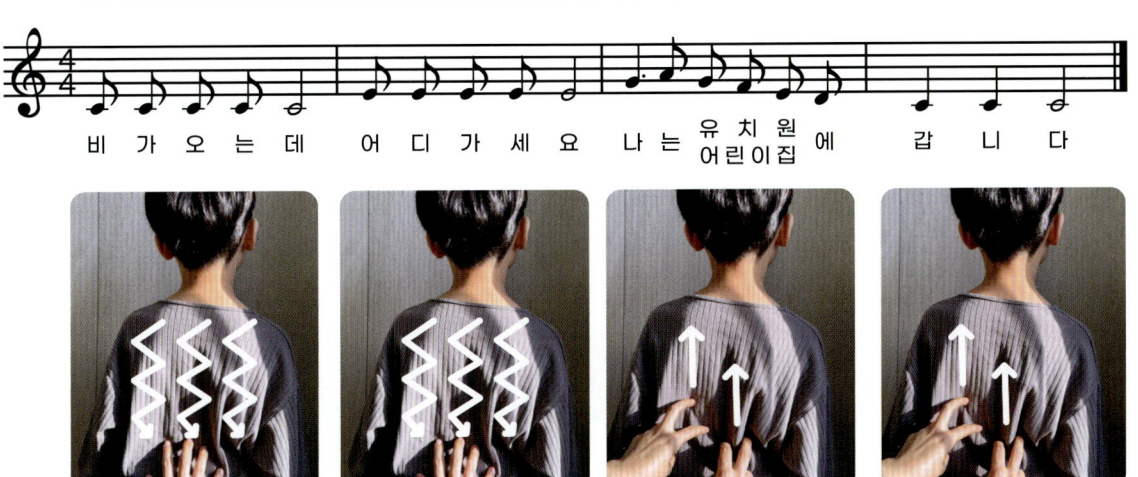

양손으로 빠르게 반복한다.   손가락 두 개를 세워 뚜벅뚜벅 머리 방향으로 올라가기

3절

쌩 쌩 쌩 쌩 쌩 쌩 쌩 쌩 쌩

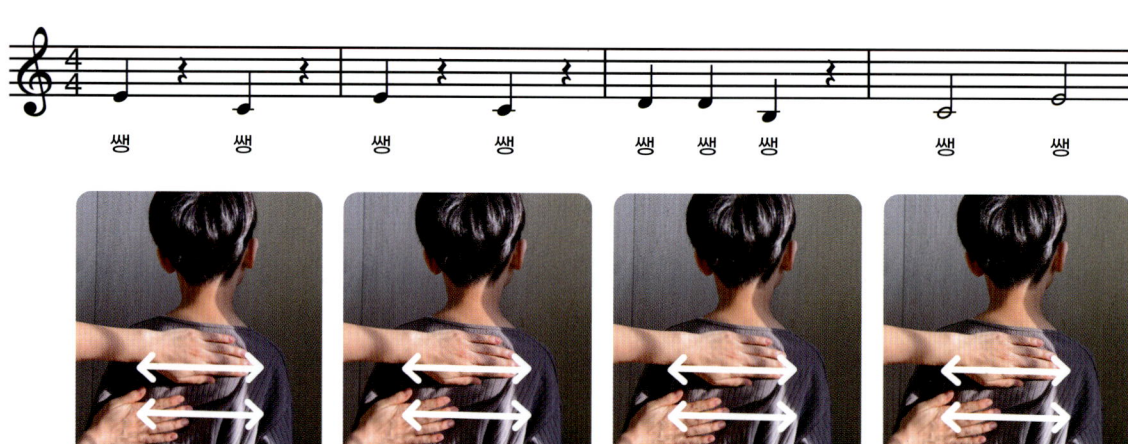

양손을 좌우로 번갈아 움직이며 등 전체 쓸어주기

바 람 부 는 데 어 디 가 세 요 나 는 유치원
어린이집 에 갑 니 다

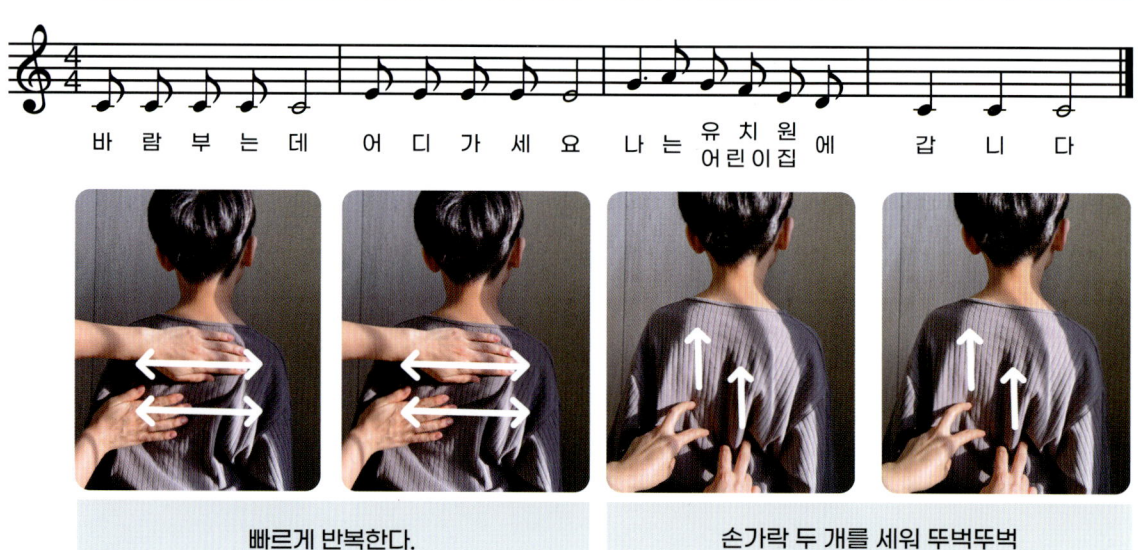

빠르게 반복한다.

손가락 두 개를 세워 뚜벅뚜벅
머리 방향으로 올라가기

4절

펑 펑 펑 펑 펑 펑 펑 펑 펑

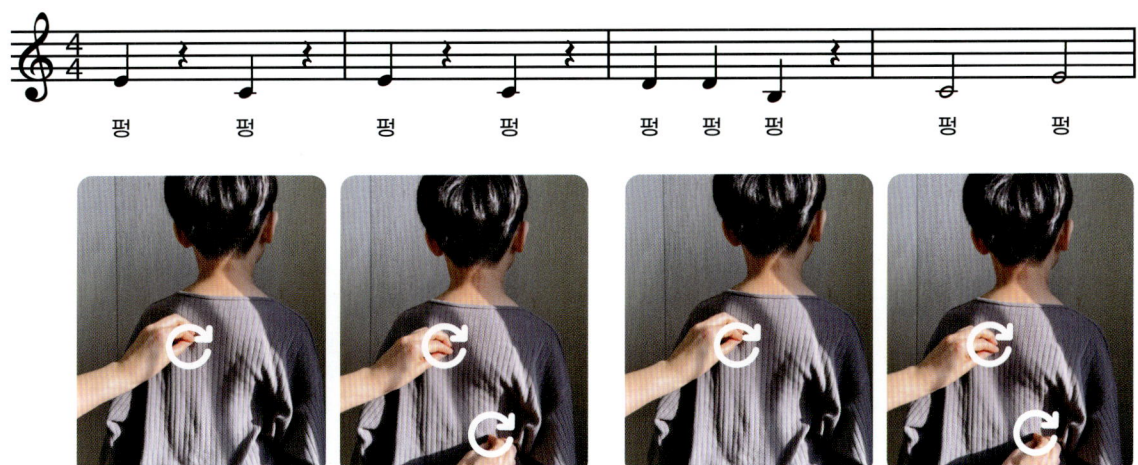

손끝 모아서 제자리 원을 여러 곳에 그리기

눈이 오는데 어디 가세요 나는 유치원에 갑니다
어린이집

빠르게 반복한다.   손가락 두 개를 세워 뚜벅뚜벅
머리 방향으로 올라가기

올챙이와 개구리

개울가-에 올챙이한마리 꼬물꼬물 헤엄치다

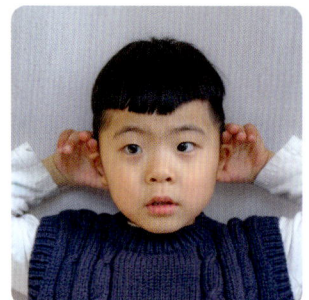 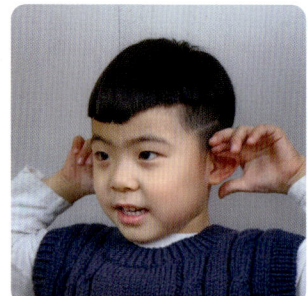 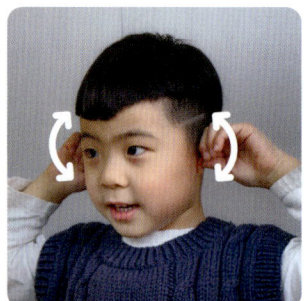

양쪽 귀 전체를 부드럽게 접었다 펴기

뒷다리가쏙 앞다리가쏙 팔딱팔딱 개구리됐네

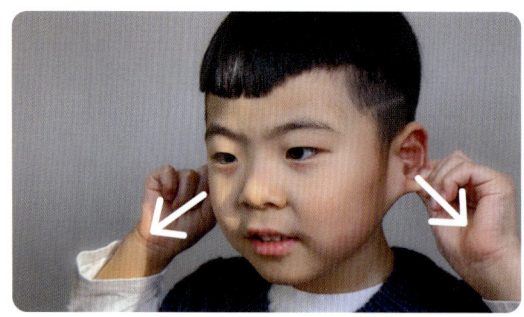 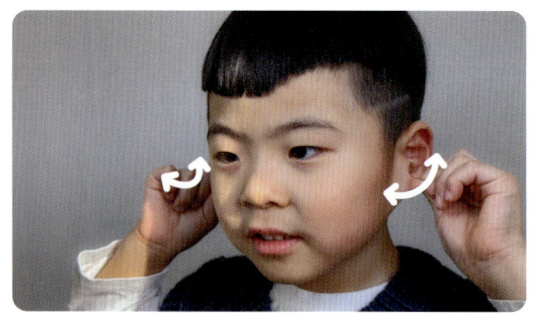

귓불 한 쪽씩 잡아당기기　　　귓불을 가볍게 잡고, 앞뒤로 흔들기

꼬물꼬물 꼬물꼬물 꼬물꼬물 올챙이가

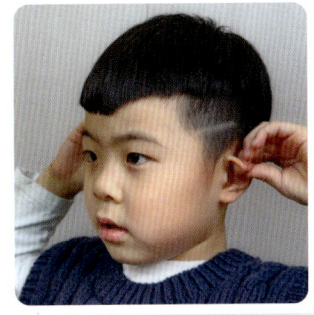 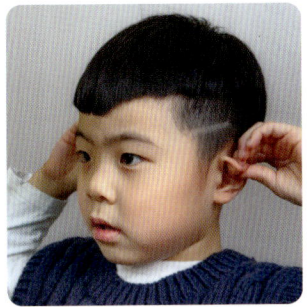 

귓바퀴를 부드럽게 펴 주며, 연골 부분을 말랑말랑하게 만져 주기

뒷다리가 쑥 앞다리가 쑥 팔딱팔딱 개구리됐네

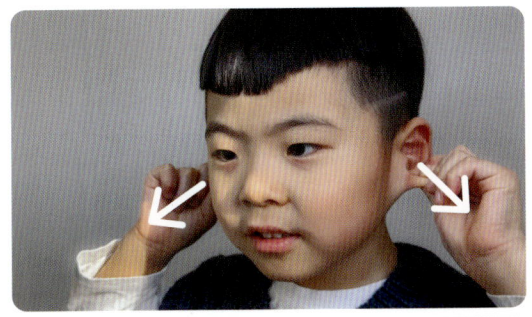 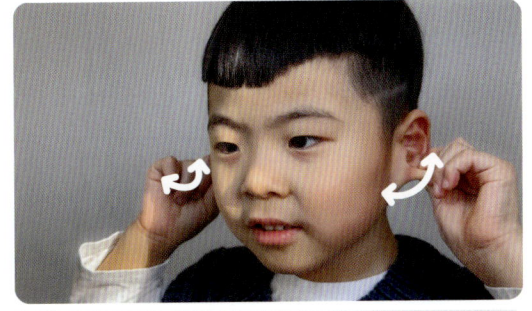

귓불 번갈아 가며 잡아당기기   귓불을 가볍게 잡고, 앞뒤로 흔들기

작은 별

반 짝 반 짝 작 은 별 아 름 답 게

콧대를 따라 코→눈썹 앞머리 방향으로 쓸어 올리기

비 치 네 동 쪽 하 늘 에 서 도

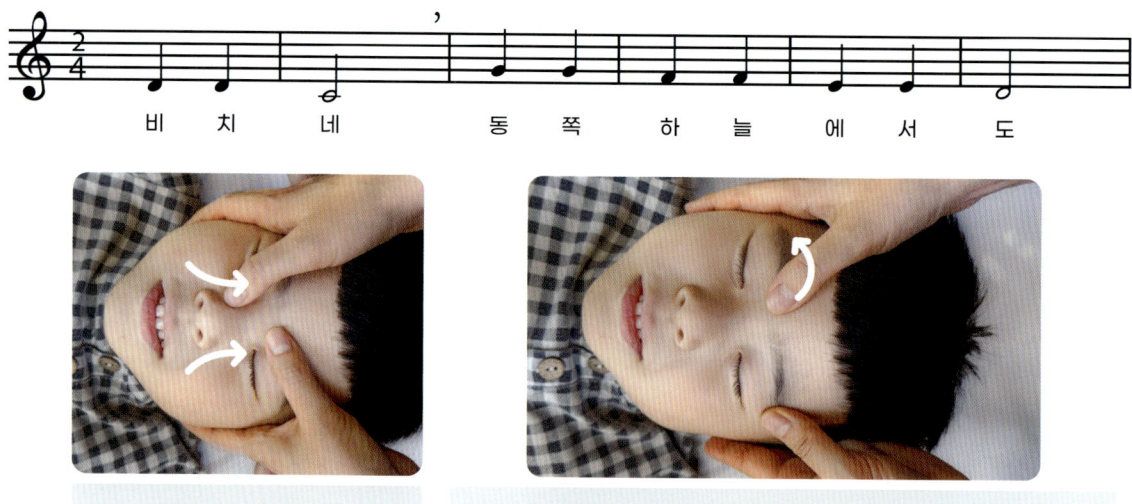

빠르게 반복한다.

오른쪽 눈썹 앞머리→꼬리까지 천천히 만져 주기

서 쪽 하 늘 에 서 도 반 짝 반 짝

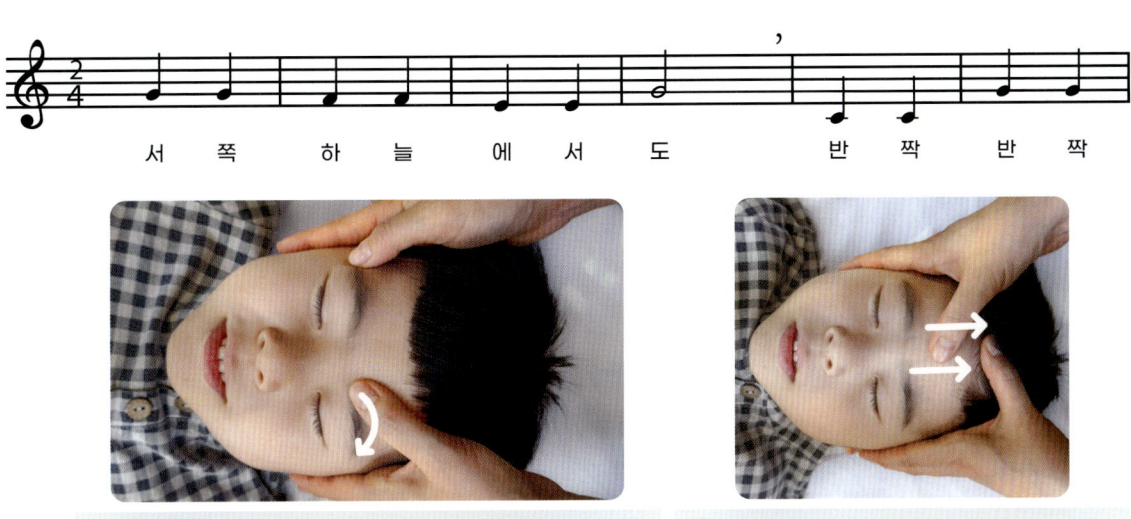

왼쪽 눈썹 앞머리→꼬리까지 천천히 만져 주기 | 눈썹 앞머리 -> 이마 방향으로 쓸어 올리기

작 은 별 아 름 답 게 비 치 네

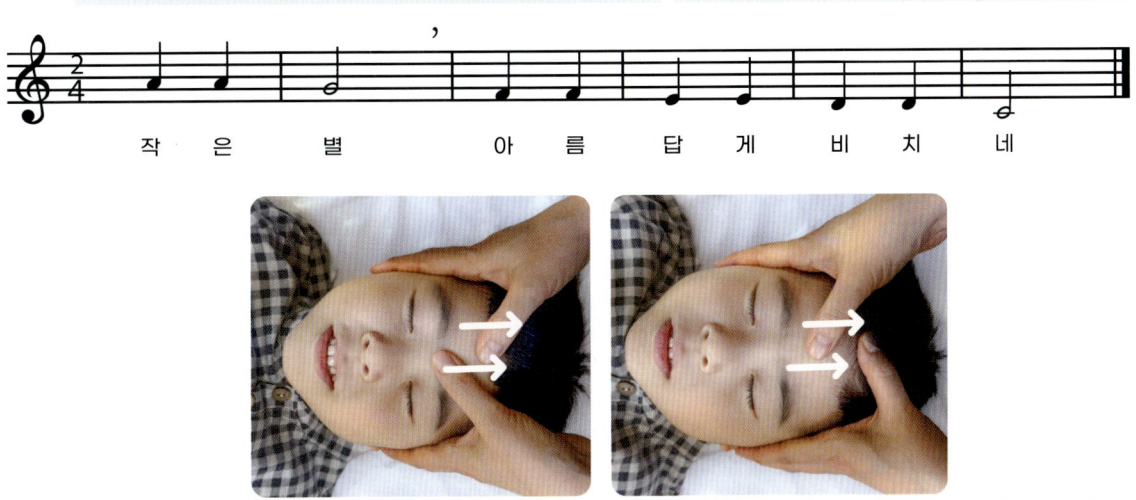

천천히 반복한다.

거미가 줄을 타고 올라갑니다

반복 1

거 미 가 줄 을 타 고   올 라 갑 니 다   비 가 - 오 면   끊 어 집 니 다

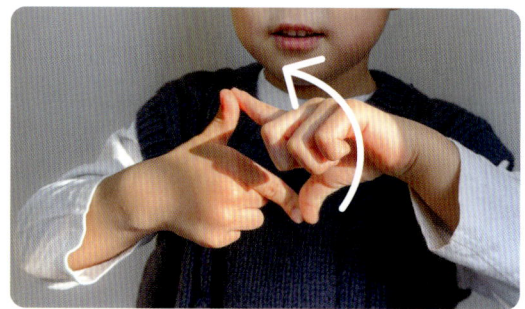
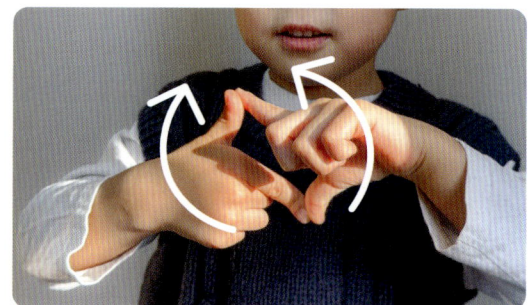

엄지-검지 교차하여 올라가기

햇 님 이 방 긋   솟 아 오 르 면   거 미 가 줄 을 타 고   내 려 옵 니 다

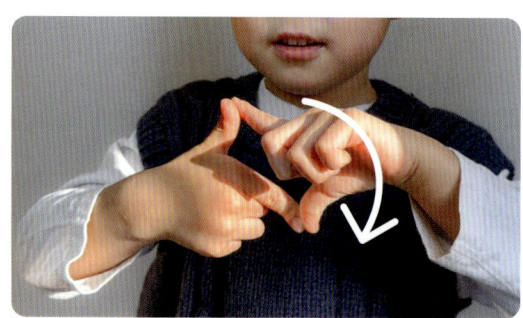
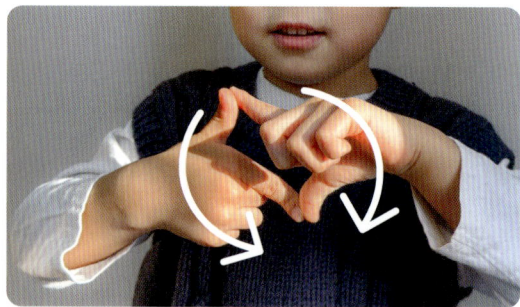

엄지-검지 교차하여 내려가기

반복 2

거미가줄을타고 올라갑니다 비가-오면 끊어집니다

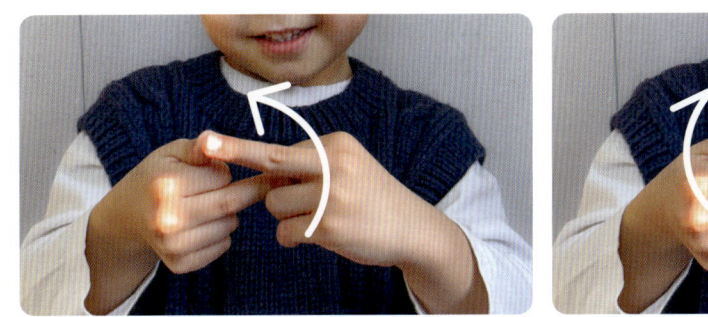
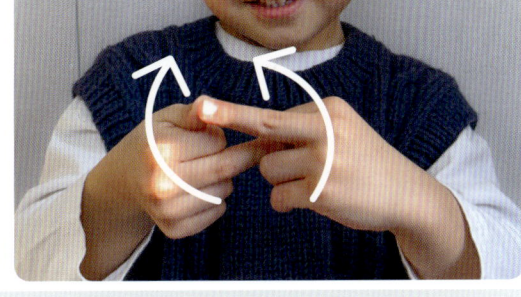

엄지-중지 교차하여 올라가기

햇님이방긋 솟아오르면 거미가줄을타고 내려옵니다

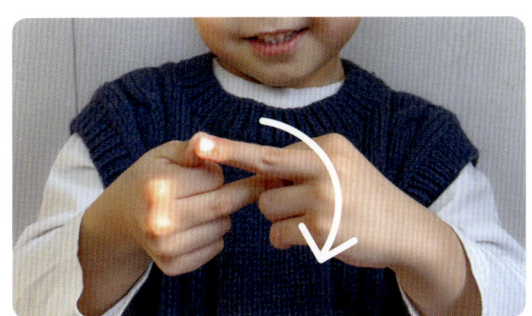
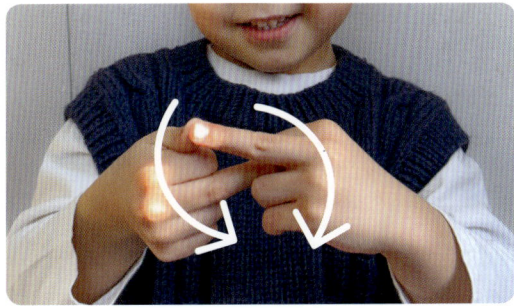

엄지-중지 교차하여 내려가기

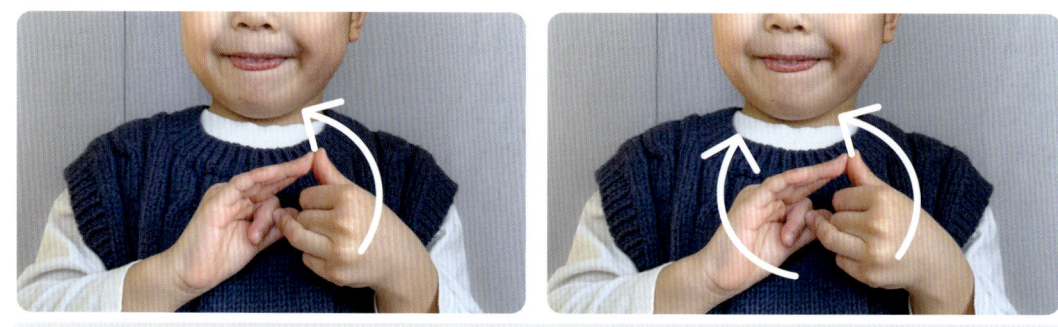

엄지-약지 교차하여 올라가기

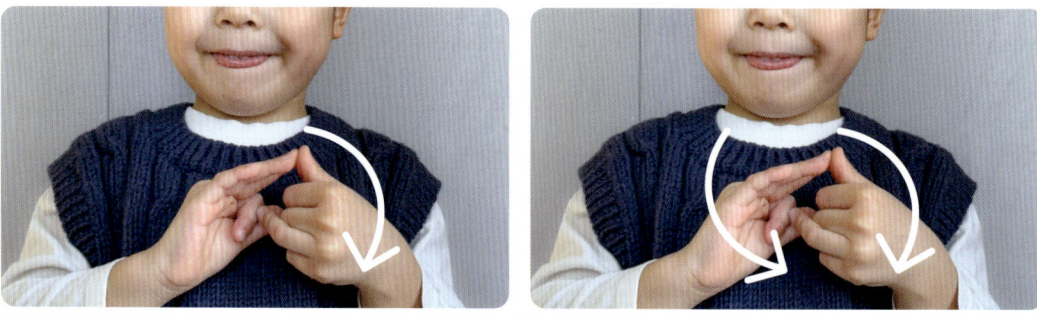

엄지-약지 교차하여 내려가기

반복 4

거미가줄을타고 올라갑니다 비가-오면 끊어집니다

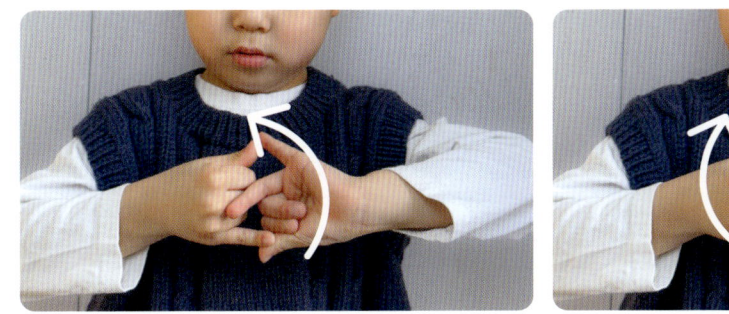

엄지-소지 교차하여 올라가기

햇님이방긋 솟아오르면 거미가줄을타고 내려옵니다

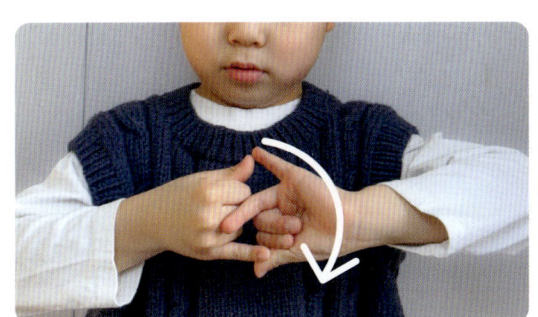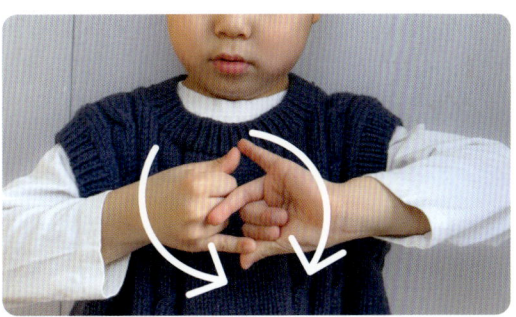

엄지-소지 교차하여 내려가기

🔍 궁금해요!

- '브레인 스킨십/마음 돌봄 수업이 뭐예요?
- 스킨십 놀이에 사용할 오일을 추천해 주세요.
- 하루에 스킨십을 몇 번, 얼마나 해야 하나요?
- 울면 스킨십 멈춰야 하나요? 계속 해도 되는지 모르겠어요.
- 자꾸 몸을 비틀고 도망가려 해요. 이럴 땐 어떻게 해요?
- 스킨십을 해도 아이가 계속 불안해하면 어떻게 해야 하나요?
- 엄마(아빠)가 만지면 아이가 싫어해요.
- 형제자매가 여럿이라 다 챙겨 주기 어려워요. 어떻게 나눠야 할까요?
- 초등학생, 청소년 자녀와 함께할 가족 스킨십이 궁금해요.

🔍 궁금해요!

Q '브레인 스킨십/마음 돌봄 수업이 뭐예요?

A 『스킨십 10분의 기적』을 기반으로 한 '브레인 스킨십/마음 돌봄' 수업은 스킨십을 통해 나와 가족을 돌보고 치유하는 월 구독형 프로그램입니다.

자녀를 양육하는 부모는 물론,
어린 시절 상처받은 나의 내면을 치유하고 싶은 분이라면 누구나 참여할 수 있습니다.
영유아 자녀를 양육하는 부모는 영유아 스킨십 교육과 두뇌발달 놀이, 부모 내면 치유를 함께 할 수 있습니다.

- ■ 성인을 위한 자기 돌봄 과정
- ■ 실천 중심 스킨십 교육
- ■ 구독자 전용 실천 자료와 따뜻한 피드백 제공

온라인 또는 오프라인 프로그램을 선택하실 수 있으며,
전문가와 함께 감정 공감, 마음 치유, 두뇌 자극 루틴을 실천하게 됩니다.

👉 카카오톡에서 QR코드를 스캔하여 친구 추가해 보세요.
참여 방법과 구성 안내를 바로 확인하실 수 있어요.
궁금한 점은 채팅으로 문의해 주세요.

카카오톡 채널명
'아이모스트'

궁금해요!

Q 스킨십 놀이에 사용할 오일을 추천해 주세요.

A

베이비 스킨십에는 100% 천연, 유기농, 무향, 냉압착 식물성 오일을 추천해요. 냉압착 오일은 낮은 온도에서 씨앗이나 견과류를 압착해 만든 순한 오일이에요.

- ✓ 먹을 수 있는 오일이 가장 안전해요.

- ✓ 향이 없는 오일을 사용하면 부모와 아이의 자연스러운 체취를 방해하지 않아요.

- ✓ 천연 식물성 오일은 아이 피부를 보호하고 보습을 제공하며, 영양을 고르게 흡수할 수 있게 도와줘요. 예: 100% 천연 냉압착 올리브오일, 코코넛오일, 해바라기씨오일 등.

궁금해요!

Q 하루에 스킨십을 몇 번, 얼마나 해야 하나요?

A

하루 10분이면 충분해요.
엄마(아빠)와 아이가 편안한 시간대에 해 주세요.
이 시간을 꼭 지켜 주는 것이 중요해요.
짧은 시간이라도 스킨십을 일상화해 주세요.
짧아도 매일 반복되는 스킨십은 아이에게 세상에서 가장 큰 안정감이 됩니다.

Tip & 주의점
· 잠에서 바로 깬 후에는 스트레칭을 먼저 해 주세요.
· 열이 나거나 출혈, 염증이 있을 때는 스킨십을 중단해 주세요.
· 젖이나 밥을 먹고 30분이 지난 후 스킨십을 하세요.
· 예방 접종 후 48시간이 지난 뒤 스킨십을 진행하세요.

🔍 궁금해요!

**Q 울면 스킨십 멈춰야 하나요?
계속 해도 되는지 모르겠어요.**

A

아이가 울 때는 잠깐 멈춰 주세요.
울음은 아이의 자연스럽고 중요한 소통 방법이에요.

엄마(아빠)는 침착하게 왜 우는지 살펴보고, 울고 있는 아이의 마음을 먼저 공감해 주세요.
"괜찮아, 엄마(아빠) 여기 있어" 하고 차분하게 안아주세요.
그 자체가 이미 스킨십이랍니다.

스킨십으로 아이의 호흡이 천천히 안정화되고, 자율신경계의 균형을 잡을 수 있어요.

✅ **아이가 울 때 해야 할 일**

· 아이가 무엇을 전달하려는지 눈을 맞추며 파악해 보세요.
· 아이의 필요에 맞춰 반응해 주세요.
· 아이가 안정되면 스킨십을 다시 시작하세요.
· 아이가 울 때는 부모가 침착함을 유지하는 방법을 찾아보세요.
· 신체적 원인(배고픔, 피곤함 등)과 감정적 원인(두려움, 불안함 등)을 함께 고려해요.

🔍 궁금해요!

**Q 자꾸 몸을 비틀고 도망가려 해요.
이럴 땐 어떻게 해요?**

A

많은 아이들이 감정과 행동이 빠르게 바뀌는 시기라
스킨십을 피하거나 도망가기도 해요.
이럴 땐 억지로 붙잡기보다 '놀이'로 다가가는 마음이 중요해요.

아이가 편안한 상태일 때, 엄마(아빠)의 손길이 필요할 때 가볍게 시작해 보세요.
또 아이가 다른 곳에 집중해 있을 때는
충분히 놀게 한 다음에 스킨십을 시도하는 게 좋아요.

엄마(아빠)와 스킨십 놀이 시간이 지속되면 아이는 먼저 다가온답니다.

🔍 궁금해요!

Q 스킨십을 해도 아이가 계속 불안해하면 어떻게 해야 하나요?

A 스킨십은 마법처럼 불안을 없애는 약물이 아닌 '인지행동치료'예요.

스킨십을 하고 있어도 아이가 자꾸 불안해 보인다면, 편안함을 느끼기까지 더 많은 시간이 필요하다는 신호일 수 있어요.

매일 10분 이상 스킨십을 하는 동안 아이의 불안한 마음을 읽어 주세요. 지금은 불안해 보여도, 스킨십과 감정 대화 시간이 지속되면 아이 마음속에 '나는 괜찮아' 라는 불안을 이겨낼 힘이 생겨요.

🔍 궁금해요!

Q 엄마(아빠)가 만지면 아이가 싫어해요.

A 스킨십을 할 때, 두 사람이 동시에 터치하면 자극이 과할 수 있어요.

엄마(아빠)가 스킨십을 해 주고, 아빠(엄마)는 옆에서
인형과 스킨십 놀이를 하거나 따뜻하게 바라봐 주세요.
아이와 1:1 놀이시간을 정해 주면 불편함이 줄어들어요.

아빠와 함께하는 놀이 시간은 아이의 발달에 큰 영향을 미쳐요.
아빠의 참여가 10배 더 강력한 파워를 가질 수 있어요.

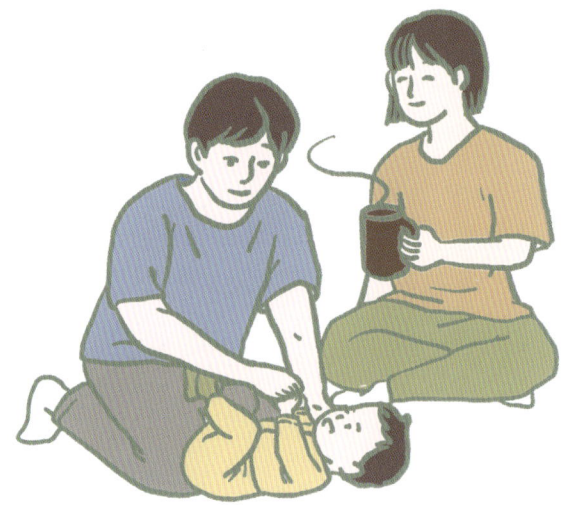

궁금해요!

Q. 형제자매가 여럿이라 다 챙겨 주기 어려워요. 어떻게 나눠야 할까요?

A. 아이에게 짧더라도 엄마(아빠)와의 1:1 시간을 따로 만들어 주세요.

1:1로 눈을 맞추고 "○○랑만 하는 시간"이 있다는 걸
아이가 느끼면 큰 정서적 안정감을 준답니다.
같이 놀 때는, 형이 동생에게 스킨십을 직접 하도록 도와주세요.

자녀가 육아에 참여하면서 형제 간 유대감을 강화하고,
가족 내 협력적인 관계를 만드는 데 아주 유익한 놀이예요.

🔍 궁금해요!

Q. 초등학생, 청소년 자녀와 함께할 가족 스킨십이 궁금해요.

A. 스킨십은 언제나 동의를 구한 뒤에 진행해야 하며,
10대 아이들에게는 더욱 조심스럽고 섬세한 접근이 필요합니다.

초등학생 자녀는 학교생활과 연결해서 스킨십을 하면 효과적이에요.
예를 들어,
"축구를 잘할 수 있게 도와주는 스킨십이야!"하며 다리 스킨십 놀이를 해 보세요.
축구, 댄스, 수학 등 자녀의 관심 분야를 응원하면서 놀이할 수 있어요.

청소년은 신체적·정서적 변화가 크므로,
부모는 자녀의 신호를 잘 읽고 적절한 때에 손을 내밀어 주세요.
예를 들어, 운동 중 다쳤을 때나 월경으로 아픈 아이에게
손을 얹어 주는 식으로 간접적으로 다가가는 것이 좋아요.

손끝에서 시작되는 사랑

　국제 영아 스킨십 협회(IAIM - International Association of Infant Massage)는 1986년 미국에서 시작되어, 전통적인 아이 스킨십의 따뜻한 가치를 세상에 전하고자 만들어졌습니다.

　창립자 비말라 맥클루어는 인도에서 아이들이 매일 사랑으로 쓰다듬어지고 안기며 정서적으로 안정되는 모습을 보고 깊은 감동을 받았습니다. 그 경험은 그녀로 하여금 스킨십의 소중함을 널리 알리는 길로 이끌었습니다.

　스킨십은 단순한 접촉이 아닙니다. 아이는 부모의 손길을 통해 사랑과 존중을 온몸으로 느낍니다. 눈을 맞추고, 작은 몸짓에 반응하며 교감하는 이 시간은 부모와 아이 모두에게 큰 선물이 됩니다.

　삶이 바쁘고 복잡할수록, 아이와 나누는 따뜻한 손길은 더욱 큰 의미가 있습니다. 부모의 손끝에서 시작되는 사랑. 그 작은 접촉이 아이의 마음을 깊이 어루만지고, 평생을 지탱할 따뜻한 힘이 되어줍니다.

처음 만나는 언어, 스킨십

아이가 처음으로 배우는 언어는 '말'이 아닌 '촉감'입니다
말 대신 품에 안기고, 눈을 맞추며, 손끝으로 전해지는 따뜻함을 통해 세상을 배웁니다.

연구에 따르면, 적절한 신체 접촉은 아이의 몸무게를 늘리고 면역력을 키우며, 정서적으로도 더 안정된 아이로 자라나게 합니다. 특히 조산아의 경우, 꾸준한 스킨십은 신경 발달을 돕고, 순환과 호흡, 소화 기능을 향상시켜주는 아주 든든한 지원군이 됩니다.

무엇보다도, 스킨십은 부모와 아이 사이에 단단한 다리를 놓아 줍니다.
아이는 접촉을 통해 자신이 이 세상에서 안전하게 존재하고 있음을 느끼고, 부모는 아이의 작은 몸짓 하나에도 귀 기울이게 됩니다. 서로의 마음이 닿는 이 경험은 언어로는 설명하기 어려운 깊은 교감을 만들어냅니다.

스킨십은 그 어떤 기술보다도 강력한 소통 방식입니다.
눈을 맞추고, 자연스러운 향기를 맡고, 따뜻한 손으로 안아주는 것만으로도 아이는 사랑받고 있다고 느낍니다. 부모 또한 '내가 이 아이를 잘 돌보고 있구나' 하는 자신감을 얻게 됩니다.

많은 부모가 말합니다.
"예전에는 아이의 울음이 그저 막막했는데, 이제는 무슨 신호인지 조금씩 알 것 같아요."
"단지 아이라고만 생각했는데, 이제는 이 아이가 하나의 인격체로 느껴져요."
스킨십은 아이에게는 미네랄이나 비타민처럼 꼭 필요한 요소입니다.

그 안에는 사랑, 존중, 신뢰, 안정감이 고루 들어 있습니다.
그리고 그 중심에는 부모인 당신이 있습니다.
스킨십은 단순한 접촉이 아닙니다.
아이와 당신, 두 사람이 함께 자라는 따뜻한 여정입니다.

또 아비들아 너희 자녀를 노엽게 하지 말고 오직 주의 교훈과 훈계로 양육하라
에베소서 6:4

스킨십
10분의 기적

초 판 발 행 2025년 7월 1일
지 은 이 김정희·전성령·전이결
펴 낸 곳 작가의 집
출 판 등 록 24. 2. 8 (제2024-9호)
홈 페 이 지 http://www.imost.co.kr
카 카 오 톡 @아이모스트
인 스 타 그 램 @imost_official
I S B N 979-11-94947-11-0

이 책은 저작권법에 따라 보호받은 저작물이므로 무단 전재와 무단 복제를 금합니다.
잘못된 책은 교환해 드립니다.